COMO HACER **ULTRA NEGOCIOS** EN PANDEMIA

RICARDO PACHECO

BARKER & JULES®

BARKER & JULES®

COMO HACER ULTRA NEGOCIOS EN PANDEMIA

Edición: BARKER & JULES™
Diseño de Portada: Zayra Munizaga| BARKER & JULES™
Diseño de Interiores: Jessica Arianda Vallejo Huerta | BARKER & JULES™
Imagen de portada: iStock.com/A2YO4NORI

Primera edición - 2021

ISBN papekback: 978-1-64789-743-7
ISBN hardcover: 978-1-64789-744-4
ISBN ebook: 978-1-64789-745-1

Derechos de Autor - Número de control Library of Congress: 1-11141573441

BARKER & JULES, LLC
3776 Howard Hughes Pkwy 549, Las Vegas, NV 89169
barkerandjules.com

ÍNDICE

AGRADECIMIENTOS

Este libro, o este manual práctico como lo llamo yo, lo dedico a las millones de personas que están en una situación de inmovilidad y parálisis ante la situación financiera actual provocada por la nueva normalidad, y que aún no encuentran su lugar en la nueva forma de hacer negocios al no conocer las nuevas reglas del juego, a todos esos millones de personas en todo el mundo, pero principalmente en los países en vías de desarrollo de toda Latinoamérica y a la comunidad latina de estados unidos de Norteamérica, en donde es más probable que sin herramientas adecuadas uno pueda perder en el juego de la silla.

Se lo dedico con especial admiración a todas las mujeres que están luchando por un futuro para ellas y para sus hijos, en medio de la desesperación de la situación actual, a todas ellas que aun sin un apoyo, sin un soporte, hacen de padre y madre, proveedoras de sustento, educadoras, amas de casa, personal de mantenimiento de sus hogares y finalmente, cuando el día termina, son la tierna mano que duerme a su crío mientras las lágrimas de incertidumbre resbalan por sus ojos.

A todos los hombres que cumplen con cabalidad sus responsabilidades y afrontan la realidad con valor y determinación, en especial a aquellos que cuidan de las mujeres, mi más grande admiración.

A todos esos abuelos y abuelas que hacen de padre y madre en este mundo, no solo se los dedico, sino que también les decreto un lugar junto al padre celestial.

A todos aquellos que están pasando por situaciones desconcertantes y que su vida se ha visto afectada por el yugo de la pandemia y el invisible, pero existente asedio de fuerzas externas que han minado su economía, ánimo y vibración.

A mis hijas y nieto que a diario me enseñan que uno debe SER FELIZ.

A mi esposa, quien sin sus valiosos consejos no hubiera sido posible el hacer este libro.

A Dios nuestro Señor.

PRÓLOGO

Todos estamos inmersos y atados a esta, la llamada nueva normalidad. A la fecha que comienzo a escribir este libro para ti, hemos pasado ya por las fases necesarias para aceptar y reconocer que esta nueva realidad llegó para quedarse.

Hemos pasado del asombro a la incredulidad, del miedo a la negociación, y de la negación a la aceptación, otros han pasado incluso al peligroso lado de la desesperanza a la apatía, pero sin importar en qué punto te encuentres, es un hecho que es causa de múltiples factores, dentro de los que destaca la PANDEMIA.

Gracias a esta, que tiene en vilo al mundo entero, la forma tradicional de hacer negocios, de comunicarnos, de desplazarnos, de unirnos e interactuar con la naturaleza, con las instituciones y con nuestras familias, amigos y compañeros de trabajo, ha cambiado y ha dado un giro de ciento ochenta grados, ustedes me dirán, ¿ciento ochenta grados?

Es un cambio total, radical, como si hubiese sido todo transformado; las cosas, los hechos y las circunstancias, y ciertamente es, en efecto, una nueva manera de vivir, algunas personas piensan que un cambio total y radical es dar un giro de trescientos sesenta grados, sin embargo, eso nos pondría justo en el mismo sitio. ¿No es cierto? ¿Significaría que quizá hubo cambios importantes, pero finalmente la órbita de los acontecimientos nos hubiera regresado al mismo sitio?

Debo decirte que no es así, si aún estás esperando que todo vuelva a ser como antes era, es mi deber y mi placer el afirmarte que eso no ocurrirá. Nuevamente tú me dirás: ¿Cómo puede ser un placer para alguien decirme que no es así?, ¿qué clase de sádico puede pensar no solo que es su deber, sino que es un placer? Pues bien, te contestaré esta pregunta que formulé por ti, y para ti.

Desde luego es un placer el dejarte claro que, al ocurrir este cambio tan brutalmente dramático y encontrarnos con la realidad de que muchas de las seguridades que considerábamos un hecho, pasaron a estar fuera de nuestro control, y las personas cuando no tenemos el control, somos más productivas.

Ahora la salud, nuestra principal preocupación, la obtención de dinero o un medio para obtenerlo que es la segunda, y el ambiente de inseguridad que puede sentirse ciertamente nos movió de nuestro centro. Es como si de repente estuviéramos siendo protagonistas de una de esas series de televisión acerca de la supervivencia, o más bien una pelea de box y nos tumbaron en alguno de los *rounds* y nos estamos incorporando. De hecho, querido lector, hay una buena noticia, ese golpe no fue un *knock out* definitivo; el réferi está tomando nuestras manos y nuestra mente se está aclarando cada segundo de la cuenta y estamos casi listos para salir a pelear, pero con algo que en boxeo se llama, con la "quijada caliente" y con la experiencia de que el rival es fuerte, pero tú también lo eres.

Desde el momento que te tomaste la molestia de comprar este libro y estás leyendo hasta este punto, sabes perfectamente que este rival aún no te ha derrotado, es más, si tú lo quieres, tú saldrás vencedor, si tú sigues las siguientes recomendaciones, acerca de la salud y de los negocios de la nueva normalidad.

Es tu decisión apretar bien los puños, sacudirte el sudor que cae en tus ojos, pisar bien firme en la lona y salir a pelear, pero con la mente fría, estudiando a tu rival, y comprendiendo por qué, si tú, al final de cuentas ni siquiera te dedicas al boxeo, de todos modos estás ahí, en un lugar incómodo, peligroso, arriesgado y desconocido del que solo saldrás si aprendes, sobre la marcha, cómo salir avante, o puedes poner la rodilla en la lona, tirar la toalla y darte por vencido, cosa que no es recomendable.

Créeme, si haces lo primero, en algún punto de los siguientes meses, estarás disfrutando de un estilo de vida increíble. No solamente acerca del dinero y las finanzas, sino en cuanto a la salud física y mental, lo que te dará la pauta para crecer también desde el punto vista espiritual si ese es tu deseo. Sin embargo, el propósito de este libro es solucionar la necesidad de la obtención de recursos financieros para cualquier persona que sea mayor de edad en cualquier etapa de su vida, dentro de esta nueva realidad llamada PANDEMIA.

Entonces manos a la obra, que la cuenta va en ocho, y es necesario que entiendas lo que te estoy diciendo lo antes posible, te aseguro que hay herramientas necesarias hoy en día para ingresar recursos de manera rápida, eficiente y suficiente en esta nueva realidad.

Si tú te quedaste sin empleo, si te redujeron el sueldo, si bajaron los ingresos de tu negocio tradicional o te lo cerraron, si estás en aprietos económicos o por qué no, simplemente quieres complementar e incrementar tus ingresos actuales y no sabes muy bien cómo hacerlo, no te preocupes, ocúpate, yo te lo voy a decir en los siguientes capítulos, pero antes déjame terminar este punto con el siguiente resumen de lo ya mencionado.

Este cambio de ciento ochenta grados, llegó para quedarse un tiempo o quizá permanentemente, donde las cosas podrán después ser diferentes, mejores o peores, pero nunca iguales. Pasaste por el proceso de aceptación de esta realidad y estás listo para adaptarte, no importa por lo que has pasado hasta este punto, tú puedes tener éxito y prevalecer si así lo decides, y para esto es imprescindible que entiendas lo siguiente:

"La supervivencia de una especie no depende de su tamaño, ni de su fuerza, ni siquiera de su velocidad o inteligencia, sino de la capacidad de adaptarse lo más rápidamente posible a las nuevas circunstancias".

Por lo tanto, no puedes perder el tiempo en la duda, o en el miedo, es normal que en este momento te sientas incómodo, pero está bien, eso es lo que quiero decirte, los mayores avances de carácter individual y colectivo en la historia de la humanidad se han dado bajo circunstancias de crisis, de apremio.

Ahora debes hacer acopio de fuerza mental, determinación, confianza, sentido común y sobre todo esperanza en el futuro; ya que toqué el tema del futuro, hay algo que quiero compartirte que te dé un poco de paz mientras sigues leyendo con respecto al futuro:

"No puedes adivinar el futuro, pero sí puedes inventarlo a través de tus decisiones, acompañadas de las acciones creativas que le den la forma que tú quieres".

Muy bien, hasta este punto hemos llegado y déjame decirte que ahora mismo que escribo esto para ti, estoy muy emocionado por mostrarte las múltiples y diferentes formas que existen actualmente para generar ingresos realmente grandes aun inmersos en la pandemia. Solo falta tocar un punto que es inevitable, dado que es parte fundamental de lo que este libro te ofrece, y solo para recordarlo es, CÓMO

HACER ULTRA NEGOCIOS EN LA PANDEMIA y es necesario hablar, aunque sea muy poco y por única ocasión de la pandemia en sí.

La pandemia se originó por la mutación de un gen de una proteína contenida en la saliva de un murciélago que un habitante de la ciudad china de Wuhan se comió, y esta saliva estaba infectada por un nuevo tipo de coronavirus, y al estar infectado de este virus pudo ser transferido al sistema inmune de este sujeto en cuestión, después enfermó y contagió a otro sujeto comenzando así la cadena de contagios, otra versión oficial apunta a los mercados húmedos de esa misma ciudad, lo cierto es que en poco tiempo y después de unas semanas y meses los gobiernos y las organizaciones de salud a nivel global dieron la alerta mundial y se comenzaron a tomar las medidas sanitarias para evitar la propagación del mismo.

Primero de forma local, después de manera global hasta llegar a lo que estamos viviendo hoy en día, al menos esa es la versión oficial, y acto seguido, estamos viviendo los humanos con esas medidas sanitarias, mismas que cambian según el avance o control de las diferentes cepas o mutaciones que el virus está experimentando continuamente, en su afán de perdurar, de subsistir. Es todo lo que necesitamos saber acerca del virus, al menos es lo único útil para el tema que nos atañe.

Considero que es tan apremiante para el virus su necesidad de existir, como la de nosotros como seres humanos; por lo tanto, es de extrema importancia dejar en manos de los expertos encontrar la solución a esta catástrofe que está dejando más allá de los infectados y los muertos, una cantidad inmensa de pobreza, desolación y desempleo a nivel mundial. De tal manera, y si somos inteligentes por qué no emular el comportamiento de este virus, y hacemos lo mismo, nos adaptamos para sobrevivir, y esto nos lleva a la pregunta obligada, ¿qué necesitamos para sobrevivir? Dos cosas fundamentales:

Primero, no ser presa del mismo y para esto necesitamos tomar las medidas sanitarias que nuestros gobiernos y sistemas de salud nos recomiendan dependiendo de nuestra ubicación geográfica.

Segundo, salir adelante porque requerimos de los medios para subsistir, y tu, al igual que yo, tenemos la mala costumbre de comer tres veces al día y necesitamos de "cosas" para nuestro desarrollo, requerimos el dinero necesario para poder solventarlo.

Te recomiendo que si tú no eres científico o profesional de la salud, si tu actividad y tus habilidades no tienen que ver con el área de competencia para ayudar en la disminución de los casos del virus, entonces deja de intentar adivinar por qué ocurrió esta pandemia, también deja de ver noticias alarmantes que están cargadas de energía negativa. A estas alturas todas esas preguntas junto con sus respuestas se estarán dando a su debido tiempo porque esa es una ley universal "todo se sabe a su debido tiempo" mientras tanto tú y yo poco podemos hacer al respecto, excepto no contagiarnos y no contagiar a los demás.

Ponle punto final a las lecturas de teorías conspirativas o de algún origen distinto al que se nos ha dado. Como ser humano, necesitas estar tranquilo, relajado, porque tu objetivo es subsistir, haz lo necesario para este fin, deja de discutir en tus grupos de chat y en tus redes sociales acerca de esto, exceptuando las que tengan como objetivo promover una higiene y un sistema inmune óptimo.

El ser humano está diseñado para vivir y para sobrevivir a esto entre otras cosas más, que muy probablemente ocurran en el futuro, pero como decíamos antes, el futuro lo creamos nosotros a través de ideas creativas que van en busca de ese futuro que queremos vivir, lo demás es selección natural.

Te hará mucho bien, dejar de ver al virus y el fenómeno de la pandemia como enemigos y en lugar de eso, verlo como una oportunidad única en la historia del ser humano de trascender y sobrevivir a ello y después regocijarte de tus heridas. Y aquí volvemos al ejemplo del boxeador; ya nos levantamos, el réferi nos permitió seguir en la contienda en la que despertamos, entonces hagamos lo nuestro, analizar y enfrentar esta contingencia con el valor y los arrestos necesarios porque no sabemos cuántos *rounds* nos quedan por delante, lo que sí sabemos, es que con esta información estarás entrenado para ser mejor en cada asalto.

El libro lo titulé en español CÓMO HACER ULTRA NEGOCIOS EN PANDEMIA y daré una breve explicación. La palabra ULTRA según *Wikipedia* y otros, es un prefijo que en su origen latín y español significan: "más allá", también puede significar determinante o extremo, en la versión en inglés lo titulé: *"HOW TO DO ULTRA BUSINESS IN A PANDEMIC"*, como una forma novedosa de presentar un título, elaboré una contracción de sus palabras que, puestas de forma completa, ocuparían demasiado espacio en la portada, pero eso es sorpresa.

Como verás, mi querido lector, yo mismo estoy comenzando a hacer cosas diferentes para crear ese futuro que quiero, y como quiero que mi libro tenga éxito, he decidido también correr el riesgo de usar esas contracciones creadas por mí en el afán de despertar el interés en ti.

En resumen, ULTRA NEGOCIOS, significan negocios más allá o en exceso, mucho más que grandes negocios o supernegocios, algo que trascienda más allá de lo que conocemos actualmente y que sabemos que es posible, así que mi querido lector, no hay límites a donde puedas llegar si aplicas lo que te mostraré en los capítulos siguientes.

-Capítulo 1-

CUÁL ES EL FUTURO DE LA ECONOMÍA O **CUÁL ES LA ECONOMÍA** DEL FUTURO

El futuro de la economía, por los factores que predominan en el panorama mundial, es en extremo incierto, sin embargo, no quedamos hace rato que no se puede adivinar el futuro ¿no estaría en contradicción con lo expuesto en el prólogo del libro si te quisiera dar una predicción del futuro de la economía? Lo cierto es que incontables economistas, hombres de negocios, estadistas, gurús financieros y hasta *youtubers* y líderes de opinión, etc., están bombardeándonos constantemente sobre sus predicciones del futuro en la economía, cuando la realidad es que ni ellos mismos la saben.

La inmediatez y la volatilidad de los eventos actuales nos hacen darnos cuenta de que todas las fórmulas usadas anteriormente han funcionado solo en algunos casos, en un tiempo determinado y beneficiando a las personas con acceso a esos recursos, ya sean dinero o información, pero que muy probablemente, no sean ya las fórmulas correctas a usar en estos tiempos, y te voy a dar varios ejemplos.

Antes de estar sumergidos en esta contingencia, y con antes, me refiero a todo el tiempo que hubo antes de esto hasta quizá el día siguiente al término de la Segunda Guerra Mundial, la economía comenzó a tener un auge tan alcista como el de una flecha disparada hacia la luna. Prácticamente cualquier industria, cualquier idea, cualquier empresa tuvo progreso y vio fortalecida su economía si se empeñaba en hacerlo.

En el ámbito corporativo, miles de patentes se vieron materializadas en el mundo real, la automatización y la producción en serie dieron empleo a millones de personas, la electrónica vio sus avances más significativos para darle paso a la industria informática, que es la pionera y punta de lanza de lo que vemos hoy en día como lo cotidiano. El uso de los primeros ordenadores, los primeros teléfonos celulares y más, mucho más, los créditos eran muy asequibles y las ganancias que las actividades humanas individuales y corporativas proporcionaban eran suficientes para cumplir los compromisos.

La mujer pasó a ser parte importante de la cadena productiva y surgieron nuevas formas de emprender, pensadas principalmente, precisamente en ellas, las mujeres. Sin embargo, en un mundo dominado predominantemente por el hombre, los puestos ejecutivos y las mejores oportunidades eran casi siempre para los hombres, la producción masiva de automóviles, la industria petrolera, la electrónica, espacial y muchas otras, eran no solo acaparadas por hombres, sino que eran diseñadas para ellos, sin embargo, la mujer finalmente encontró su lugar y comenzó a tener sus oportunidades.

En resumen, hubo una explosión de negocios derivados de la construcción de ciudades y sitios de entretenimiento, la industria alimenticia también entró vigorosamente ante el reto de alimentar los millones de bocas que ya tenían la capacidad de comprar lo suficiente para tener llena la despensa.

La educación no fue la excepción a la regla, y muy pronto llegó la era de las franquicias, negocios corporativos que a veces eran ideados por empresas y multinacionales, y otras tantas daban una oportunidad a un sector de la población particular que, en su deseo de emprender, podía aplicar una idea o concepto para masificar sus ventas bajo una marca y un modelo de negocios que se debía homologar en cada uno de sus puntos de venta una vez que se comprobaba su éxito.

Estas últimas, las franquicias, forman parte integral de la economía de occidente desde hace varias décadas, y son fuente de empleo para millones de personas a las que emplea. Este modelo de negocio revolucionó en su momento la manera de vender un bien, producto o servicio, y su efectividad y aceptación por el público hizo que ahora formen parte de nuestro día a día. Las hay en la industria de los alimentos, limpieza, automotriz, supermercados y un sinfín de rubros que estaría de más mencionar en este libro, dado que tú ya las conoces.

Es necesario hacer un poco de regresión histórica, para tener un mapa cronológico de cómo fueron evolucionando las cosas en el sentido económico hasta nuestros días, y aquí es donde se ponen realmente interesantes las cosas, porque comenzamos de forma práctica a desenmarañar esto que se promete en el libro.

Hace unas seis décadas, se inventaron nuevas formas de generar ingresos, ahora para las mujeres y en general las personas que querían complementar sus ingresos a través de mecanismos de venta directa, ya que cubrían un nicho que estaba totalmente desocupado en una sociedad estable, libre de conflictos y sedienta de más oportunidades.

Así es como surge el *Network Marketing* ahora llamado redes de mercadeo, y con esta nueva realidad *home-office/marketing;* es esta nueva forma de hacer negocios de donde surgieron un sin número de empresas que ofrecen, principalmente a la mujer, una oportunidad de generar dinero para sí mismas, y que colocó a empresas que ahora son muy famosas y que tú ya conoces en el mapa mundial.

Tal fue el impacto que causó en su momento, este sistema de mercadeo en occidente, que ahora mismo millones de personas y al menos un diez por ciento de la economía global depende de este método de mover volúmenes grandes de bienes productos y servicios.

El antecedente más antiguo del *Network Marketing,* se remonta a los años cuarenta, cuando una empresa de suplementos vitamínicos ideó cambiar el tradicional método de vender de puerta en puerta, por la de ofrecerle a sus consumidores la oportunidad de ser distribuidores directos de sus productos mediante la venta directa, el autoconsumo y a su vez, el reclutar nuevos distribuidores y obtener ingresos adicionales por sus ventas.

Esta nueva manera de hacer negocios se instituyó posteriormente en la línea de suplementos alimenticios más grande y reconocida del mundo, y que sigue liderando el mercado a nivel mundial.

En este caso, me abstengo de dar nombres de empresas, ya que tú como lector solo necesitas saber la información principal de los métodos y las formas, además de que mencionar a alguna compañía podría prestarse a promoción o publicidad acerca de las mismas, tú puedes hacer tus propias investigaciones, ya que la información se encuentra disponible en la *internet*. Un momento, ¿dije *internet*?, parece que me hubiera saltado este tema, pero no es así, justo aquí empata el tema de la *internet*.

Brevemente, explicaré que la *internet* surgió de un experimento universitario para hacer un directorio académico/escolar, donde a través del ordenador podías formar parte de una comunidad más virtual llamada originalmente *intranet,* que además existía también en el mundo físico. Esto ocurrió también hace varias décadas, y sus inicios y alcances van de la mano con los de la industria de la informática.

Posteriormente, evolucionó fuera del ámbito académico, para ser una red masiva de información disponible para el público en general, y que actualmente conocemos como *internet.* Es justo en este punto mi querido lector, que quiero dejar de hacer historia del futuro de la economía para dar paso a la economía del futuro.

Visto en perspectiva, y dadas las circunstancias actuales, la economía del futuro viene a ser la economía del presente, el mundo ya estaba preparado para trabajar en un concepto nuevo que se ha acuñado amigablemente como *Home Office* o en español, trabajar desde la casa. Pues bien, esto mismo ya se venía haciendo desde hace años, pero el factor PANDEMIA aceleró de manera brutal y definitiva su uso por todo el mundo, ahora es cosa de todos los días trabajar en lo que antes era un simple entretenimiento y distracción.

Las redes sociales, ¿de dónde vienen? Adivinaste, de la sofisticación de la *internet,* y de la necesidad de las empresas de seguir funcionando en este mundo sin la necesidad del contacto físico entre las personas o al menos con un distanciamiento social prudente. Aquí es donde te tengo buenas noticias, quizá no lo sepas, pero la gente ya se ocupaba en sus casas con diferentes actividades de carácter informático, y de *internet* desde hace mucho tiempo.

Un elevado porcentaje de la población ya permanecía al menos tres horas frente a su ordenador haciendo tareas, que iban desde una tesis universitaria, con videojuegos, conferencias remotas, cooperación en el ramo de la investigación y muchas actividades más.

Así mismo, muchos de nosotros seguíamos en el mundo físico haciendo esas actividades que hoy conocemos como *home office,* solo que esta nueva normalidad simplemente vino a mejorar esas actividades. Por ejemplo, el hecho de gastar menos combustible al no tener la necesidad de ver físicamente a las personas, según el caso, también la necesidad del distanciamiento social ha hecho que pronto se agilizaran las comunicaciones y métodos más innovadores para poder interactuar con nuestros semejantes y con nuestros familiares mediante las videollamadas.

Ahora, es muy común y de uso diario hacer videoconferencias tanto recreativas como de negocios, paralelamente a esto también se está instalando en el gusto colectivo algo que se inventó hace poco más de una década, la criptoeconomía o monedas virtuales.

Estas, basadas en una tecnología descentralizada, ofrece (al menos en la teoría de sus creadores), una forma segura de hacer transacciones sin depender de un organismo central (banco) y que antes era muy controvertida, pero que esta pandemia también ayudó a establecerse como algo que parece que llegó para quedarse, la tecnología de cadena de bloques o *blockchain*.

Hasta este punto, mi querido lector, aún puede parecerte (para los conocedores de todas estas áreas) como información irrelevante, pero para ti, que estás buscando la forma de obtener ingresos fuertes y no sabías nada de lo antes mencionado, te será de mucha utilidad.

He resumido lo más posible, los orígenes de la economía del futuro, en unas cuantas palabras, ya que se concentran nueve décadas de desarrollo hasta llegar a este punto, así que permanece muy atento de ahora en adelante, porque poco a poco vas a ir descubriendo cómo es que van encajando las piezas en las formas, maneras y métodos para que tú hagas ULTRA NEGOCIOS aun en PANDEMIA.

Seguramente estás pensando, ya quiero saber cómo hago para producir dinero desde mi casa, desde un ingreso complementario, hasta un ULTRA negocio, a continuación, te explico, pero antes resumamos lo anterior:

- NO PODEMOS ADIVINAR EL FUTURO, PERO PODEMOS CREARLO MEDIANTE LAS ACCIONES CREATIVAS QUE NOS LLEVEN AL FUTURO QUE QUEREMOS.

- EL FUTURO DE LA ECONOMÍA ES INCIERTO EN SÍ MISMO, PERO PODEMOS APRENDER LAS TENDENCIAS CON RELACIÓN A LAS CIRCUNSTANCIAS ACTUALES.

- LA ECONOMÍA DEL FUTURO, ESTÁ EN EL AQUÍ Y EN EL AHORA, SOLO DEBEMOS APRENDER LAS HERRAMIENTAS NECESARIAS QUE YA ESTÁN DISPONIBLES.

- EXISTEN MÉTODOS DE TRABAJO CREADOS DESDE HACE DÉCADAS, QUE DEFINITIVAMENTE PUEDEN SER ELEVADOS AL CUADRADO O AL CUBO MEDIANTE EL *HOME OFFICE*.

QUÉ ES EL *HOME OFFICE*

En las páginas anteriores ya mencioné de manera muy general que existe una manera de trabajar desde casa, y que se denomina *home office*, término acuñado desde hace años pero que cobra relevancia al surgir esta PANDEMIA, ahora déjame desmenuzarte un poco en qué consiste y cuáles son los métodos y herramientas para hacer un buen *home office*.

Lo primero que debes saber, es que quizá a estas alturas de esta PANDEMIA ya estás haciendo *home office*, al menos de forma *amateur*, quizá alguien ya te agregó a un grupo de ventas de tu comunidad y solo compras para guardar la sana distancia, o incluso estés incursionando en la publicación de tus propios bienes o servicios. Si ya los estás haciendo, déjame decirte que eso precisamente es un modo de hacer *home office*, el más básico, pero lo es.

Lo segundo que debes saber, es que las personas que ya hacen esta actividad de manera profesional son muy diversas comenzando con los empleados. Pues bien, los empleados de gobierno o de empresas privadas realizan esta actividad principalmente desde su ordenador, tableta y hasta desde su teléfono celular. Esta forma de trabajar surge de la necesidad de las empresas de mantener a sus trabajadores produciendo de manera casi normal o incluso más eficientemente desde sus casas que cuando estaban físicamente en las empresas, el trabajo es el mismo pero el método ha cambiado.

Ahora, se ayudan con herramientas como programas informáticos ligados a plataformas interactivas, que tienen la capacidad de compartir de manera remota los resultados y objetivos de la acción a realizar. Por ejemplo, un conferencista usará un programa de videoconferencia para conectarse con la audiencia que solía tener de manera física en un recinto, un profesor se conectará con sus alumnos a través de esas mismas plataformas y además se ayudará con su propio material, ya sea físico o informático, y además compartirá este material con sus alumnos mientras es observado y escuchado al mismo tiempo.

Ahora te pregunto, ¿no es esto extraordinario? Imagina por un momento que tú puedas trabajar de la misma manera en el negocio que haces actualmente o en la actividad que estés ideando usando estas herramientas, sin salir de casa, y que esto te permita obtener ingresos, ya sea que estos provengan de manera inmediata o de forma residual, sé que piensas que es fantástico, sigue leyendo y más adelante te explicaré en qué consisten los ingresos directos e inmediatos que se cobran una sola vez, y lo que son los ingresos residuales.

Hasta este punto, ya te he explicado de manera muy general en qué consiste el *home office* y las herramientas principales que se usan, dándote también algunos ejemplos de personas que ya lo hacen. Sé que te estás preguntando lo siguiente: ¿cómo puedo YO hacer esta actividad si no soy empleado de gobierno, tampoco soy empleado de una empresa privada ni tengo ninguna experiencia en el uso de las herramientas de las que me hablas?

No desesperes, este libro está escrito principalmente para ti, que no tienes absolutamente ninguna noción de cómo hacerlo, esto déjamelo a mí, y verás que el premio por tomarte la molestia de estar leyendo estas líneas será el estar preparado como mínimo, para empezar a hacer esto y mucho más; desde el primer día de una manera muy modesta, hasta irte perfeccionando de manera exponencial hasta que puedas HACER ULTRA NEGOCIOS AUN EN LA PANDEMIA.

CÓMO HACER *HOME OFFICE*

Lo primero que debemos considerar a la hora de proponernos hacer *home office*, es hacerte algunas preguntas, escribirlas en una hoja, block de notas del celular o tu ordenador, y también elegir, de las respuestas que escribas, las herramientas que requieres para este fin. En esto también te llevaré de la mano lo más rápido posible, ¿por qué rápido?, porque al universo le encanta la velocidad, y TÚ, si eres un lector con los conocimientos suficientes y ya lo haces, usa estas primeras páginas como una manera de recordar las bases de esta actividad.

Para esto, me gustaría poner un ejemplo: hay personas que nacen con una increíble habilidad para jugar fútbol *soccer* o alguna otra actividad deportiva, ellos llegan al partido y son los que se anticipan a los adversarios, los que meten los goles, los que obtienen los triunfos y generalmente los que por sus habilidades innatas no requieren de mucha formación para tener éxito. Normalmente se dice que tienen "el don", o "la onza", ¿pero qué pasa cuando a estas personas les enseñas desde las bases los principios fundamentales y la técnica para llevar a cabo ese deporte?, simplemente desarrollan su máximo potencial.

Por esta razón, te sugiero tener paciencia solo por una vez y no saltarte las páginas hasta encontrar lo que es realmente trascendente o importante para ti según tus expectativas, siempre podrás aprender algo nuevo oculto dentro de lo simple, o reforzar cosas que ya sabías y que te proporcionen mayor seguridad para crear la mejor versión de ti mismo dentro de esta actividad tan nueva, pero tan importante y vital en estos días.

PREGUNTAS QUE DEBO HACERME:	RESPUESTA:
1.- ¿QUÉ TRABAJO TENGO ACTUALMENTE?	
2.- ¿QUÉ TRABAJO QUISIERA TENER?	
3.- ¿EN QUÉ OCUPO MI TIEMPO LAS VEINTICUATRO HORAS Y CÓMO LO DISTRIBUYO?	
4.- ¿QUÉ EXPERIENCIA TENGO EN INFORMÁTICA?	
5.- ¿QUÉ HABILIDADES CREO QUE TENGO?	

6.- ¿QUÉ HABILIDADES TENGO, SEGÚN LA GENTE QUE ME CONOCE?	
7.- ¿A CUÁNTO ASCIENDEN LOS INGRESOS QUE QUIERO TENER?	

Perfecto, ya respondiste estas preguntas y ahora vamos a analizarlas, ya que eso nos dará una idea de cómo puedes operar en beneficio de tu economía mediante el *home office*. Vamos a suponer que respondiste, tengo un trabajo de horario fijo por ocho horas en el ramo de los bienes raíces, como promotor de ventas de casas y terrenos, y respondiste también que el trabajo que anhelas tener es con tu propia sección inmobiliaria para que todas las comisiones derivadas sean para ti y así incrementar tus ingresos.

Después respondiste, que tu día se distribuye de la siguiente manera: ocho horas durmiendo, una hora en el desayuno, dos horas en la comida, una hora en la cena, ocho horas trabajando y las restantes cuatro horas a veces te relajas y ves alguna serie de televisión, revisas tareas y juegas con tus hijos, checas tus pendientes y ya no te queda mucho para más.

Ahora déjame darte unas cuantas pistas más, para que al combinarlas con las respuestas que diste, sea posible potencializar el efecto que tendrás en el éxito de tu actividad. Estas pistas son más bien una lista de posibilidades de negocio que se consideran *home office* y ya están vigentes y han sido probadas algunas de ellas por años, y son:

- USAR PLATAFORMAS RELACIONADAS A TU ACTIVIDAD DESEADA (PÁGINAS ESPECIALIZADAS EN EL RAMO DE LOS BIENES RAÍCES O INCLUSO APPS.

- USAR PLATAFORMAS DE VIDEO DONDE LA GENTE PUBLICA DESDE SITUACIONES DE OCIO, DIVERSIÓN Y NEGOCIOS (*YOUTUBE, INSTAGRAM, FACEBOOK*).

- CREAR TU PROPIO SITIO ESPECIALIZADO EN EL RAMO PERSONALIZADO, PARA QUE CUANDO LA GENTE BUSQUE SERVICIOS RELACIONADOS CON TU ACTIVIDAD TENGAS MÁS PROBABILIDADES DE SER VISTO, LEÍDO Y POR LO TANTO, CONTRATADO.

- USAR PLATAFORMAS DE VIDEOCONFERENCIA PARA QUE COMPLEMENTES ALGUNAS O TODAS LAS ANTERIORES CON LOS CLIENTES QUE YA TIENES EN TIEMPO REAL, Y DE ESTA FORMA CREAR UNA COMUNIDAD ALREDEDOR DE TU SERVICIO EN ESPECÍFICO. (ESTA ÚLTIMA

OPCIÓN NORMALMENTE SE USA CUANDO YA GENERAMOS CIERTOS RESULTADOS Y DESARROLLAMOS LAS DESTREZAS NECESARIAS PARA TAL FIN).

DESGLOSEMOS CADA UNA DE ELLAS:

De las plataformas relacionadas con tu actividad: existen un sinnúmero en donde se ofrecen los servicios de hospedaje para promover tus bienes y servicios, dentro de las mismas puedes ir colocando una a una, las propiedades y terrenos que tienes a tu cargo, ya sean propios o de otras personas, junto a las fotografías, videos y documentación relevante sobre los mismos, que se denominan ficha técnica.

Estas, pueden ser gratuitas y normalmente van a acompañadas de anuncios de los patrocinadores y se pueden obtener desde resultados modestos hasta encontrarte el "garbanzo de a libra", es decir, que vendas sin necesidad de invertir más allá de lo que invertiste en tiempo y esfuerzo, aunque es mi deber decirte que normalmente los resultados son modestos, el tráfico de vistas es poco y no hay que esperar mucho de ellas, pero sirven.

Otras plataformas especializadas en tu ramo, son más conocidas y profesionales en cuanto a su contenido y organización, te permiten colocarte dentro de las visitas destacadas y hay muchas variantes más que seguramente harán que tu negocio tenga mayor repercusión, es decir, en el ejemplo que estamos poniendo, que tenga más visitas, más opiniones y comentarios de quienes la vieron y normalmente estas plataformas y apps, son de pago por aplicación o por anuncio.

De las plataformas de video, te puedes encontrar desde "*YouTube*" hasta otras plataformas que se especializan específicamente en ver información que los usuarios suben o colocan, y no son específicas de tu actividad únicamente, pero dentro de los cientos de millones de anuncios, de lo que se trata es de hacer un video acompañado por datos o un relato relacionado con tu actividad. De la creatividad y profesionalismo que se use en la publicación que muestres, dependerá el efecto en el público.

Imagínate que es como un canal de televisión, cuando buscas dentro de los diferentes canales lo haces pensando en tus preferencias, de igual manera quien busca en estas plataformas lo hace según lo que le gusta o lo que necesita saber. Por lo tanto, es de vital importancia que, si te aventuras en el mundo de las plataformas de videos, te apoyes de alguien que sepa del tema, como son la filmación, edición y estructura, y que pueda poner en orden todas tus ideas, bienes o servicios.

Es importante recomendarte que, a diferencia de las plataformas especializadas que nombramos anteriormente, donde es más fácil colocar la información mediante una interfaz intuitiva, (en el caso de las plataformas de video), es preferible no intentar hacerlo solo, al menos al principio, pero al final tú eres quien elige, recuerda que tienes en tus manos la información necesaria para comenzar.

También mencionamos a *"Instagram"* y *"Facebook"*, que también tienen mucho éxito a la hora de mostrar contenido de valor; en esta última puedes además de tener tu perfil personal, la posibilidad de abrir páginas de negocios o de contenido específico que se denominan *fan pages*. En estas páginas que están ligadas a tu cuenta principal tienes la posibilidad de publicar cuantos rubros se te ocurran, y a cada uno de ellos tendrás que llenarlos de contenido y hacer publicaciones frecuentes.

Además, puedes agregarte a grupos relacionados con tu giro o bien a grupos donde predominan tus clientes potenciales, y puedo seguir profundizando en esto, pero lo importante es hacer que entiendas los fundamentos esenciales, sin abundar en temas que de momento no conoces y que de todos modos tendrás que aprender posteriormente y sobre la marcha.

¡Ah! Lo olvidaba, en estas plataformas el asunto de la inversión es un híbrido en comparación con las primeras, acá puedes date de alta de forma gratuita y también publicar de forma gratuita, pero el alcance de tus clientes potenciales dependerá muy a menudo, de tomar decisiones con respecto a pagar por obtener un mayor rango de visitas, alcanzar una mayor zona geográfica, o que tu contenido se muestre a un sector de la población en específico, todo esto y más aprenderás al entrar en contacto directo con estas herramientas antes mencionadas.

De crear un sitio especializado para ofrecer tus bienes y servicios, podemos decir mucho, y el tema es tan amplio como los anteriores o incluso más, pero comenzaré por decirte que lo primero que debes hacer es pensar en el nombre del mismo, es decir, el nombre del sitio *web* que crearás. Este nombre es vital para tu éxito y puede ser desde el nombre de tu empresa o la forma comercial como deseas que la gente te ubique.

Una vez que lo tengas deberás comprar lo que se denomina *Nick Name,* que es la dirección URL con la que estarás ubicado en el universo de la *internet*, es como comprar el número 8 de la calle 7 del distrito 1 de tu ciudad; si esta ciudad fuera *internet*, ahora qué le falta a esa calle, exacto, su oficina, y su oficina será el *hosting,* o en español el hospedaje donde se alojará la página *web* en sí, así como también la información que se vaya agregando con el tiempo, al igual que su contenido.

Este contenido se almacena de manera remota a lo que se denomina una nube o en los ordenadores del proveedor, normalmente se hace una página *web* asesorado por un especialista del ramo, a menos que tú sepas programar, y las soluciones son tan variadas tanto en lo que pueden hacer como en su costo; procura no abrumarte de más y comienza con un proyecto práctico, que cumpla con lo que tú necesitas sin necesidad de hacer grandes inversiones.

Respecto a usar plataformas de videoconferencia, para crear una comunidad relacionada a tu actividad y que vaya creciendo con el tiempo, justo ahora en tiempos de PANDEMIA, se conocieron algunas que ya existían, y detonaron otras que eran muy modestas, pero que ahora son las más usadas, está el caso *Zoom, Microsoft Teams*, etc.

Estas plataformas funcionan mediante un tiempo específico en línea que puede variar de los cuarenta a cincuenta minutos, en un horario específico, y su interacción normalmente es en vivo. Cuando es una sesión grabada y el usuario la puede ver una y otra vez se le denomina *webinar*, (conferencia o curso compartido mediante un enlace).

Estas plataformas de videoconferencia en vivo, tienen la finalidad de establecer un contacto mucho mayor con la audiencia o cliente potencial, ya que además de tener las particularidades de las plataformas anteriores donde puedes compartir con la gente diapositivas y material con el que irás ayudándote en el desarrollo de la misma, tiene la capacidad de transmitir emociones e interacciones en vivo, entre interlocutor y audiencia. Como te dije anteriormente, es recomendable hacer uso de estas plataformas hasta que logres cierto nivel de confianza, resultados y credibilidad dentro de tu actividad para lograr efectos en ocasiones inmediatos.

Hasta aquí ya te he explicado, qué es el *home office* y cómo hacer *home office* de una manera muy general, también pusimos el ejemplo de una actividad relacionada con los bienes raíces, pero es necesario mencionar más métodos y más negocios relacionados a generar dinero frente a la computadora.

Digamos que hasta aquí, estamos en las ligas menores, pero el título de nuestro libro es CÓMO HACER ULTRA NEGOCIOS EN PANDEMIA, y debemos mencionar esos nichos, negocios, tecnologías y métodos de comercio electrónico que son los más lucrativos, y en los capítulos siguientes los iremos descubriendo juntos.

Antes, hablemos un poco de la forma en la que normalmente hacíamos negocio, para poder después apreciar la diferencia con toda su fuerza, demos un vistazo a la forma tradicional de hacer negocios que solíamos tener y cómo era el comercio hasta antes de la pandemia.

NEGOCIO TRADICIONAL ANTES DE LA PANDEMIA **Y SUS CAMBIOS**

Antes de la PANDEMIA actual, solíamos hacer negocios de la manera tradicional, la misma que funcionó durante décadas, solíamos tener un empleo, al igual que nuestros padres o si eras del tipo emprendedor tenías toda tu imaginación para arrancar ese negocio que tanto habías deseado. No existía el distanciamiento social, podías abrir un local modesto o grande para ofertar el inventario de tus productos y servicios, si eras un vendedor la labor consistía en visitar a la gente o empresas mediante citas o una cartera de clientes.

Las escuelas estaban funcionando al 100%, por lo que la organización de nuestras horas laborales estaba íntimamente ligada a los tiempos de desplazamiento entre un lugar y otro. Todo estaba abierto, las ciudades eran un verdadero menú comercial y de entretenimiento para escoger, el único límite entre lo que se imaginaba lograr a lo que realmente se lograba, era el tiempo que tomaría y la energía que se le imprimiera.

Ya se usaban las redes sociales para este fin, pero en combinación con la forma tradicional, digamos en un 50 y 50%, entonces ¿qué ocurrió?, cuáles son los principales cambios y en dónde repercutieron con mayor fuerza en nuestras vidas, en la llamada nueva normalidad. Pues bien, después de haber sido declarada la PANDEMIA en el pasado mes de marzo del 2020, inmediatamente hubo cambios dramáticos que prevalecen hasta el momento presente y que son los siguientes:

- Distanciamiento social.

- Cierre de empresas y pequeños negocios.

- Desempleo.

- Cierre de escuelas presenciales y eventos deportivos, salas de teatro, cines, espectáculos, restaurantes, supermercados plazas comerciales, etc.

- Normas estrictas de higiene y protección en los espacios públicos.

- Confinamientos eventuales, entre otros.

Por supuesto, que lo antes mencionado parecería dar un panorama muy sombrío a la economía y la forma de obtener recursos. Como mencionamos en el ejemplo inicial todo esto fue un verdadero *shock* para toda la humanidad en su conjunto, pero no todo es malo, este cambio que de todos modos estábamos destinados a sufrir, ya que, según las experiencias vividas en la historia de humanidad, esto ocurre aproximadamente cada cien años, y pasó, ocurrió, pero lo malo que ocurre, también da paso a lo bueno que deja y lo mejor que puede dejar.

Estoy convencido y esta es una opinión muy personal, que de no haber ocurrido esto, de todos modos, estaríamos sufriendo los estragos ocasionados por nosotros mismos y nuestra forma de vivir. No quiero adentrarme en terrenos que deben ser objeto de otro libro, uno diferente, pero sí es importante que sepas, si no lo sabías, que ya estábamos ocasionando un daño muy grave y en corto plazo irreversible a nuestro planeta, y es así como lo que nos ocurre a nosotros como humanidad, está ayudando a la recuperación del planeta en sí mismo, y aquí voy con algunos de esos cambios dramáticos, sin embargo, positivos:

- Menos consumo de gasolinas.

- Menos consumo de productos, alimentos o servicios no necesarios.

- Búsqueda de una mejor salud y condición física.

- Menos consumo de alcohol y cigarro entre otras cosas perjudiciales para la salud.

- Mayor consumo de vitaminas y suplementos alimenticios.

- Mayor consumo de vegetales y frutas.

- Más conciencia de nosotros mismos e introspección personal.

- Mayor búsqueda de un mejor estado mental y espiritual individual y colectivo.

- Incremento significativo en la lectura.

- Más actividad física relacionada con el ejercicio.

Al existir estos cambios en nuestros hábitos, producto de la nueva forma de vivir, también se abrieron nuevos nichos de mercado, y la forma tradicional de hacer negocios no es la excepción y se generaron nuevas tendencias, mismas que mencionaremos a continuación:

TENDENCIAS

Es de suma importancia, que hablemos de las tendencias de los negocios más lucrativos y novedosos dentro del periodo de la PANDEMIA a nuestros días, y aunque algunas de estas tendencias ya las mencionamos de manera muy general en las páginas anteriores, es necesario desglosar, aunque sea un poco, las más importantes.

Los negocios que son tendencia en esta nueva normalidad, y que muchas son derivadas de esta nueva condición, son los siguientes:

-SALUD E HIGIENE PERSONAL.

-SUPLEMENTOS ALIMENTICIOS Y LIMPIEZA DEL HOGAR.

-LECTURA, JUEGOS Y ENTRETENIMIENTO.

-CURSOS, DIPLOMADOS Y CARRERAS.

-TECNOLOGÍA E INFORMÁTICA DIGITAL, APPS.

-REDES DE MERCADEO, MULTINIVEL O Network Marketing. (Inicios y actualidad).

-CRIPTOECONOMÍA, MONEDAS VIRTUALES O TECNOLOGÍA Blockchain, trading.

Es importante dejarte claro, que este listado quizá no incluya otras opciones que también pueden ser un buen negocio y tampoco están enlistadas necesariamente en el orden de importancia o beneficio económico, ya que esto es muy subjetivo, es decir, puede ser que alguien ofrezca sus servicios en el área de los alimentos, pero solo los ofrezca a través de su grupo familiar o de sus vecinos.

Esto significa, que esta persona lo hace como un medio de complementar sus ingresos más que intentar generar grandes ganancias o puede haber otra persona que antes era dueña de un negocio que cerró, y que ahora atiende a su clientela mediante sus grupos y páginas especializadas, además de establecer vínculos con empresas de entrega de alimentos.

Estas, también funcionan mediante una plataforma y los ingresos ahí sí que pueden ser muy altos, o bien, en el tema de la criptoeconomía, puede ser que alguien pueda estar invirtiendo solo el dinero que antes usaba para su esparcimiento, es decir, lo que está dispuesto a perder, desde luego con la esperanza de ganar. Por lo tanto, las pérdidas así como las ganancias serán pocas, pero puede haber grandes inversionistas que con o sin información especializada utilicen las plataformas existentes como un medio para generar grandes ingresos, o como lo dice el libro HACER ULTRA NEGOCIOS, lo cual seguramente con el conocimiento necesario y un poco de suerte, puede generar en una semana el ingreso de un año o más.

Desde luego, hacer este tipo de negocio requiere de un capital que estés dispuesto a arriesgar e invertir. Ya te mencioné algunas de las principales tendencias para hacer negocios en la actualidad, y la súper noticia es que todas ellas se pueden hacer mediante los métodos señalados en los capítulos anteriores, pero por qué no, adentrémonos en cada uno de ellos de manera particular para que conozcas las herramientas necesarias para hacerlas. Ya es tiempo en el *momentum* de este libro, que sepas de manera práctica cómo desarrollarlos y poder generar ULTRA NEGOCIOS.

SALUD E
HIGIENE PERSONAL

El tema de la salud y la higiene personal es superextenso, pero puedo darte algunas pistas que junto a lo que tú mismo has visto en tu entorno, den en el clavo de lo que puedes generar en este rubro. Pues bien, el tema de la PANDEMIA ha puesto un sinnúmero de productos bienes y servicios a disposición, unos de ellos muy necesarios, otros no tanto. Para lo cual debes informarte bien sobre su uso, proveedores, y sobre todo de la legalidad de su comercialización en tu país o estado.

Algunos de estos productos bienes y servicios son: mascarillas, medicamentos, desinfectantes en sus diferentes presentaciones, aerosoles, limpiadores de superficies, tapetes, charolas y dispositivos electrónicos, oxímetros, termómetros de todo tipo, jabones, concentradores y tanques de oxígeno, purificadores de agua y del ambiente, etcétera.

Podemos usar varias páginas, para abundar sobre los productos bienes y servicios relacionados a este tema, pero con estos que mencioné tienes una idea amplia de lo que puedes hacer con este rubro si es que deseas incursionar en el mismo, o si ya lo estás desarrollando, entonces te diré también cómo puedes potencializarlo.

Este rubro, puedes manejarlo a través de tus redes sociales, siempre teniendo en cuenta los puntos que te mencioné anteriormente respecto a la legalidad y funcionalidad de los mismos. Esta forma de comerciar en redes sociales se puede hacer mediante tus grupos de chat, y si no tienes uno puedes crearlo entre tu comunidad. Si solo quieres tener ingresos complementarios deberás primero comparar los precios que se ofertan y después buscar proveedores que según tus alcances financieros te permitan adquirirlos a un precio asequible para tener una ganancia decente.

Por lo tanto, no solo estarás haciendo negocio, sino que también estarás contribuyendo con un bien social y eso te llenará de una sensación de satisfacción, pero no vayas de prisa, no te enganches con productos milagro o de dudosa procedencia. Siempre verifica muy bien que cumplan con las normas establecidas por los diferentes organismos mundiales y de tu propio país con respecto a la salud.

Es un rubro con mucha demanda, pero también es muy delicado por lo que va en juego que es precisamente la salud de las personas, además de hacer este comercio mediante tus redes sociales, (si ya eres un profesional del tema), existe la posibilidad de que hagas una página *Web*, que después promuevas mediante publicidad de pago o de boca en boca.

Tu éxito y tus ganancias van a depender de una combinación de factores, y te menciono los más importantes: la efectividad y legalidad de los productos, el precio al que los puedas adquirir que va ligado directamente a los proveedores que consigas, este también es otro tema delicado ya que de igual forma deberás comprobar la veracidad de tales proveedores.

Procura no pagar por adelantado (al menos en tu primera compra) es una mala señal, procura que el proveedor esté bien establecido ya sea en el mundo físico o virtual y que tenga el *stock* suficiente para poder surtir tu demanda, misma que irás midiendo conforme te pidan los productos.

Si quieres hacer ULTRA NEGOCIOS con este rubro, no hay más, deberás ser una persona física o moral con experiencia en el ramo, que conozca de este tema tan sensible y que lo único que le quede por saber en este libro sean algunos métodos que quizá no conozca para poder comercializarlos. Resumamos, lo que necesitas para complementar tus ingresos o hacer ultra negocios con el tema de la salud e higiene personal es solo para complementar ingresos o vivir modestamente.

Educarte en el tema, conocer los productos, bienes y servicios que existen, saber a cuáles tienes acceso según tu preparación y perfil y manos a la obra, una vez que sepas esto:

1.- Define tus productos a comercializar.

2.- Encuentra tus proveedores.

3.- Establece tu inversión.

4.- Compra el stock que tú creas que se va a comenzar a mover según tu mercado.

5.- Publica en tus redes sociales.

6.- Crea una pequeña página de *internet*.

Establece tus métodos de pago y entrega según el alcance de tu negocio. Recuerda, cualquier rubro puede ser tan pequeño como tener un pequeño *stock* en casa o vehículo, entregarlo personalmente mediante las ventas de tus chats, o PARA HACER ULTRA NEGOCIOS EN PANDEMIA MEDIANTE LA SALUD E HIGIENE PERSONAL.

Para esto, deberás seguir los mismos pasos anteriores, pero requiere de mayor especialización, primero ser un proveedor mayorista o medio mayorista, o hacer compras de gran envergadura una vez que comprobaste tus proveedores. En el caso de ciertos productos, tendrás que ser personal relacionado con el área de la salud y en algunos casos se requiere tener estudios y licencias comprobables.

Sin embargo, los pasos para comercializar no cambian en mucho excepto por el tamaño y los volúmenes, el éxito del mismo dependerá de tu nivel de conocimiento del tema y tu grado de especialización, así como de la cantidad de competidores que tengas en tu región o zona geográfica de alcance. La lista puede resumirse más o menos así:

a) Define tus productos a comercializar, o redefínelos según las necesidades actuales.

b) Encuentra nuevos proveedores.

c) Establece tu inversión o restablécela según las necesidades actuales.

d) Compra el stock que tú creas que se va a comenzar a mover según tu mercado.

e) Publica en tus redes sociales de pago o si ya tienes clientes fijos del sector privado o gubernamental, ya tienes la experiencia necesaria, pero puedes agregar, si es que no cuentas con ella: una página de *internet* con una tienda virtual, donde se pueda ver el catálogo de productos, así como los permisos y alianzas que tienes para dar la credibilidad necesaria a tu gran negocio.

Puedes también, crear una aplicación para PC o *Smartphone* (teléfono inteligente) donde solo tu imaginación es el límite de lo que se puede lograr, ya que ahí puedes establecer aparte del catálogo y los métodos de pago y envió, la disponibilidad de tus productos, los tiempos de entrega, y puedes ligarlos a una base de negocio.

Entonces, estás listo para hacer ULTRA NEGOCIOS a través de este rubro, pero déjame decirte mi querido lector, que en este negocio en particular, los ULTRA NEGOCIOS quizá sí estén limitados a las personas especializadas y con la autorización adecuada en el ramo, pero no te limito en cuanto a lo que puedas lograr, eso lo defines tú mismo.

SUPLEMENTOS ALIMENTICIOS **Y LIMPIEZA DEL HOGAR**

De los suplementos, puedo abundar mucho en este libro, pero te daré una breve descripción para que te des cuenta del potencial que tienen cuando de hacer negocios se trata. Este rubro está muy demandado en la actualidad porque la gente quiere tener una buena salud, y tú te estarás preguntando, ¿acaso no tiene que ver con el tema de la salud que ya se mencionó en el capítulo anterior?

Y sí tiene que ver, aunque estos merecen un capítulo aparte, por la gran variedad que hay en el mercado y el impacto que tienen en la salud a nivel nutricional, y sobre todo, porque es uno de los rubros estrella para poder HACER ULTRA NEGOCIOS AUN EN PANDEMIA.

La gente actualmente, está buscando tener un sistema inmune óptimo y la energía necesaria para precisamente suplir y complementar lo que a su cuerpo le hace falta y permanecer sano en esta PANDEMIA. Ciertamente, tú puedes desarrollar un negocio muy lucrativo, solo haciendo uso de la comercialización de estos productos, pero ¿qué hace un complemento y un suplemento?

Un SUPLEMENTO promete, como su nombre lo dice, suplir las diferentes vitaminas, aminoácidos esenciales, proteínas y en general casi todo aquello que al cuerpo le hace falta o no puede producir por sí mismo en las cantidades que requiere, ya sea por la edad, y ahora mismo por las recomendaciones de permanecer en casa dada la contingencia sanitaria.

Estos vienen en múltiples presentaciones, que van desde cápsulas, comprimidos, polvos, malteadas proteínicas y bebidas energizantes, etc. Los vitamínicos son eso, vitaminas, aminoácidos esenciales, malteadas con diferentes tipos de proteína que suplen alguno de las comidas diarias con fines de control de peso y antioxidantes que pueden prevenir alguna enfermedad, o bien ayudan a sentirse mejor, y créeme, todos queremos sentirnos mejor en estos momentos.

Un COMPLEMENTO, simplemente, es lo mismo, complementa la ingesta diaria de los nutrientes, vitaminas aminoácidos esenciales, proteínas y minerales que requerimos para el buen funcionamiento y tener una salud óptima.

Para finalizar, una muy breve explicación de lo que es un suplemento/complemento, podríamos definirlos como aquellas sustancias necesarias para estar bien, que no son medicamentos y que nuestro organismo necesita para complementar y suplementar las deficiencias de algunas sustancias necesarias para un óptimo rendimiento y que además están sintetizados en un laboratorio.

A continuación un repaso de algunos de los diferentes suplementos y complementos que hay en el mercado:

- Vitaminas (a, b, c, d, e) combinaciones de las mismas.

- Minerales (con diferentes combinaciones, por ejemplo: zinc con L-arginina).

- Magnesio con Vitamina C y muchísimos otros.

- La mayoría de los minerales normalmente en cápsulas.

- Proteínas en polvo, las hay de suero de leche, lecitina de soya, proteínas vegetales como de chícharo, proteínas animales como la L-carnitina y muchas más.

- Bebidas y polvos energizantes, combinaciones para un óptimo funcionamiento de la memoria, presión sanguínea, circulación, niveles de azúcar, potencializar energía para el deporte, subir o bajar masa muscular, subir grasas buenas y bajar grasas malas, disminución del dolor, relajantes y precursores del sueño.

Lo cierto es, que podría hacer una lista casi interminable de los complementos y suplementos alimenticios y sus usos, pero no es el motivo principal de este libro. Estoy consciente de que estoy omitiendo tanto material respecto a los diferentes complementos y suplementos y sus usos, que, si lo enlistado anteriormente apenas representará el 1% de lo que hay en el mercado, con seguridad te da una idea de la gigantesca gama que existe en él.

También es conveniente, hacerte casi las mismas recomendaciones que en el rubro anterior, con la excepción de que desarrolles este rubro, no es necesario que seas personal de la salud, ni que acredites estudios médicos o tener credenciales que te autoricen a comercializarlos, y esto es una ventaja gigante.

Además, es importante hacer énfasis en recomendarte que, por el bien de tu negocio, verifiques que los productos tengan las certificaciones de los organismos de salud y de complementos y suplementos que rijan en tu país, de preferencia, escoger los que tengan también, certificaciones internacionales, así comenzarás con productos de calidad comprobada y será más difícil que exista un desabasto en un futuro, que derive de un posible cierre o desaparición de la empresa que elijas.

Una vez hecha esta aclaración, viene la pregunta del millón, o más bien, la pregunta obligada: ¿CÓMO HAGO ULTRA NEGOCIOS EN PANDEMIA mediante los suplementos y complementos alimenticios? Veamos las formas más usuales y lucrativas.

Aquí te tengo muy buenas noticias, este mágico rubro tiene muchísimas variantes, puedes por ejemplo asociarte a una empresa que los maneje, ya te sugerí, asóciate a las mejores a nivel mundial, o ¿por qué no?, a la mejor.

Cómo defines las mejores, no vayas a preguntarle a gente que no entiende del tema, ni te fíes de exclusivamente las opiniones de consumidores al azar. Para tomar una decisión inteligente y lo más aproximada a la realidad, deberás hacer un pequeño estudio de mercado, y para esto te sugiero lo siguiente:

- Checa el ranking de las empresas que fabrican y distribuyen a nivel mundial y local.

- Investiga cuáles son los complementos de mayor éxito en tu país, su contenido, los que más demanda tienen y los más novedosos.

- Coteja la relación costo/beneficio, y eso se hace checando muchos catálogos y listas de precios para que cuando compares, lo hagas comparando manzanas con manzanas, esto quiere decir, que deberás comparar la cantidad o contenido en cantidad, su calidad o pureza, el precio, la consolidación de ese producto en el mercado y la reputación de la empresa a niveles regionales y globales.

Una vez que hayas hecho tus investigaciones, ya tendrás una idea bien definida de lo que más te guste de este mundo, y más si eres un deportista, un *coach* (guía) de bienestar, un profesional del área de la nutrición o afines, pero no es obligatorio tener estos requisitos necesariamente, con que te comprometas con ayudar a la gente y aprender de estos complementos y suplementos será más que suficiente.

Sin embargo, eso alcanzará para tener buenas ganancias mientras aprendes más en el camino y aprendes a tomar decisiones más grandes y efectivas, ahora te explicaré cómo puedes hacer un ULTRA NEGOCIO EN PANDEMIA:

Mediante redes sociales, todas ellas ("*Facebook*", "*Instagram*", grupos de "*WhatsApp*", etc.).

- Plataformas no especializadas en un solo rubro, pero que además de ayudarte a vender, también según las vistas que tengas es posible que te puedan monetizar, es decir, pagar por el número de visitas, tales como ("*YouTube*" y otras).

- La obtención de una distribución en exclusiva en una zona geográfica de tu país de alguna empresa seria y reconocida,o un laboratorio que las fabrique.

- Invertir en la fabricación de una fórmula y una marca propia, comenzando con un solo producto preferentemente.

- Entrar como distribuidor independiente en alguna compañía ya establecida en el ámbito nacional e internacional.

Yo te sugiero que, si no eres un especialista del ramo, y además no cuentas con el capital necesario para fabricar tu propia marca, y tampoco tienes los contactos para obtener una distribución en exclusiva de alguna marca, entonces hagas lo lógico, y lo que muchos profesionales de este rubro ya hacen, y aquí te va una sencilla, pero superpotente fórmula para hacer ULTRA NEGOCIOS EN PANDEMIA con los suplementos y complementos:

-INSCRÍBETE A UNA COMPAÑÍA DEL RAMO, ya sea de forma directa o a través de un mentor; existen muchas empresas que funcionan con un sistema de recompensas muy atractivas y que además de permitirte obtener una ganancia con base en tu descuento. Puedes también promover y recomendar el consumo y obtener ganancias provenientes de estos recomendados.

Hacer esto, además de ser la opción más barata, es muy potente, no solo te da acceso a todo el inventario de la empresa con un descuento a la hora de pagar una cantidad por integrarte, sino que además normalmente estas empresas, (dependiendo de su complejidad, los años funcionando que lleven en el mercado y su experiencia), manejan un sistema de capacitación tanto en el contenido y uso de los productos, así como consejos para hacer más eficiente tu negocio.

Hoy en día, hay muchísimas personas alrededor del mundo gozando de las mieles de esta forma de comercio de diferentes productos, entre los que se encuentran desde luego los suplementos, así que tienes ya detrás de ti una empresa que te respalda, unos productos que comercializar y una gran población a quien venderle.

-PUBLICA, PUBLICA, PUBLICA, PERO NO PUBLIQUES AL AZAR O SOLO POR PUBLICAR. Al igual que hiciste con la investigación de los productos y las empresas, deberás hacerlo para que tus publicaciones sean espectaculares, (esto ya lo vimos en el rubro de los bienes raíces), pues más o menos lo mismo, si careces de momento de las habilidades para el desarrollo de tus publicaciones, ni lo pienses, contrata los servicios de un profesional que le dé forma a tus ideas y te elabore esas publicaciones, al menos las de las redes sociales.

Después es importante que pienses en las plataformas de video y para eso también, necesitarás de un profesional. Caso curioso, ese profesional no necesariamente salió de una universidad de diseño gráfico y se hizo un híbrido con un *master* en ciencias de la computación, aunque a veces sí es así. Lo más común, es ver gente como tú y como yo que lo que hicieron fue gastar cuatro mil o cinco mil "horas nalga" en la silla, frente al ordenador y ya tienen ese camino recorrido, y que justo ahora, con la PANDEMIA, el nivel de conocimiento de estas personas es muy alto al estar gran parte del día en esta actividad.

Como al universo le gusta la velocidad, no vayas a perder el tiempo en intentar hacer tú las publicaciones por ahorrar dinero, al menos no si lo que quieres es hacer ULTRA NEGOCIOS, y no solamente complementar tus ingresos Si quieres ganar mucho dinero, si quieres tener un gran éxito en esto deberás pagar el costo que esto requiere, mejor tu tiempo lo empleas en el desarrollo de tu negocio y eso te mantendrá lo bastante ocupado, créeme.

¡LISTO! YA TIENES UN NEGOCIO DE SUMPLEMENTOS Y COMPLEMENTOS EN LA MANO, y lo combinarás inscribiéndote a una empresa y publicando tus productos y el éxito que vayas obteniendo en las redes y plataformas que necesites para tal fin, no hay más fórmulas mágicas. Este rubro está lleno de éxito y dar los pasos a veces es lo único que se necesita, este es el caso, y es así como se puede hacer ULTRA NEGOCIOS EN PANDEMIA mediante este giro.

Con esto tienes suficiente, pero déjame darte un regalito, algo que a mí me costó años de entrenamiento, prueba y error hacerlo funcionar, y son los pasos necesarios para lograr que cualquier negocio tenga éxito. Como en este negocio estarás expuesto al público, tendrás que hablar y convencer a personas y luego nuestras habilidades no son muy afines a las ventas, déjame decirte primero una gran realidad, "todos vendemos", algo, pero lo hacemos, así que mejor hacernos a la idea y aplicar estos cuatro simples pero determinantes pasos:

A =ATENCIÓN

I =INTERÉS

N =NECESIDAD

A =ACCIÓN

Que significa la primera A, de ATENCIÓN, es eso precisamente, cuando en la forma tradicional de hacer negocios te encontrabas frente al cliente, o prospecto, lo primero que se debía hacer era contar con la ATENCIÓN del interlocutor. Si no cuentas con eso, comienzas perdido. Por ejemplo, estás frente al escritorio de la persona y mientras te sientas te dice que comiences a explicarle mientras su ATENCIÓN se encuentra en otras cosas: su ordenador, una persona que entra y le dice algo casi susurrando, o quizá esté viendo su celular y hasta sonriendo con algún meme, (no necesariamente es algo importante), pero si tú no cuentas con la ATENCIÓN de la persona no puedes empezar.

En ese caso, será mejor esperar a que deje de hacer lo que hace mientras permaneces callado o decirle de manera más directa que comenzarás cuando termine para no interferir con sus asuntos, de este modo le estás pidiendo que te preste ATENCIÓN, además de exigir de manera indirecta el respeto que merece la explicación o demostración que llevarás a cabo. En ese momento, mágicamente verás cómo el primer punto estará resuelto, tendrás la atención del prospecto, y el 25% de la venta realizada.

En segundo lugar, necesitas una vez que tienes su ATENCIÓN, despertar el INTERÉS que vendría siendo el otro 25% de la venta, por lo que tú le estás ofreciendo, como tú ya tienes productos de primer nivel resultado de tus investigaciones de mercado y perteneces a una empresa superreconocida, esto deberá fluir sin mayor problema.

Para esto, ya cuentas con unos pasos como un plan de consumo de los productos, como quizá algún descuento e incluso la integración a tu grupo de distribuidores, pero deberás analizar muy bien a la persona para poder proceder al tercer punto que es NECESIDAD.

Una vez que captaste su ATENCIÓN y despertaste su INTERÉS, lo siguiente es crear una NECESIDAD en tu interlocutor. Esta NECESIDAD sobre lo que tú ofreces se creó de la mezcla de la información que ya tenías de la persona, que combinaste con la preparación que ya tenías acerca de tu producto y empresa, que comenzó a gestarse al haber captado su ATENCIÓN y finalmente despertar su INTERÉS.

Pero, ¿cómo creaste esa necesidad? Haciéndole ver lo importante que es tener un sistema inmune elevado en estos tiempos, la necesidad de tener un peso idóneo, quizá hiciste un guion que te funcionó, y muchas otras opciones, pero ya creaste la NECESIDAD de la persona en adquirir tu producto. Déjame decirte que efectivamente, tienes ya el 75% por ciento de la venta realizada, pero justo aquí, en el cuarto paso está el secreto, en la última A la llave a tu libertad financiera, tú debes tomar ACCIÓN, y la acción es el cierre de tu venta.

Es increíble que la mayoría de la gente llega hasta ese 75% y no procede a concluir con el último 25%, esto a veces es por temor, a veces es inseguridad, pero casi siempre es porque nadie les explicó estos simples cuatro puntos necesarios para generar una venta, bueno yo te lo acabo de decir y aunque esto es de la vieja escuela, tanto que en la forma tradicional de hacer negocios casi no se conocen estos pasos, son superesenciales para tener éxito.

Así mismo, en tu negocio de suplementos y complementos te servirán de mucho, porque tienes la ventaja de que ya no te tienes que sentar frente a cada persona durante una o dos horas para después visitar otras dos o tres y hacer lo mismo, desplazarte de un lado a otro, esperar en el tráfico, lidiar con los horarios, comer en el intermedio de tus citas y lograr una jornada de ocho horas con quizá dos o tres ventas y cuatro prospectos.

Ese es el poder que tienen ahora los negocios a distancia a través del *home office*, que puedes hacer estos cuatro pasos sin necesidad de visitar a las personas, que puedes tardarte cincuenta minutos en una sesión con cincuenta o cien personas como si cada vez que te conectas estuvieras en un auditorio.

Ojalá estés consciente de lo que te estás ahorrando, tiempo, gastos de organización, logística, pruebas de producto, renta del espacio, invitaciones personal gasolina y puedo hacerte una larga lista de etcéteras, pero en su lugar, debes ser muy eficiente en lo que publicas, cómo y dónde lo publicas, qué filtros utilizas y qué métodos de cierre tienes.

Es decir, actualmente qué métodos de pago tienes disponibles para que esos cierres se reflejen en tu cuenta, sin que conozcas a tus clientes en muchos de los casos. Finalmente deberás ser eficaz a la hora de las entregas de los productos y ¡listo!, ya tienes un ULTRA NEGOCIO entre tus manos en tiempos de PANDEMIA.

LECTURA, JUEGOS Y ENTRETENIMIENTO

Este rubro también es muy concurrido en estos momentos, ya que mucha gente está tomando iniciativas y reinventándose día a día, desarrollándose en áreas de interés que dejó olvidadas por un tiempo y ocupando nichos que en estos tiempos son más solicitados.

En este capítulo, seré mucho más breve, ya que hablo de 3 áreas más específicas que tenían que abordarse, pero quien quiera entrar, debe estar calificado y saber lo que está haciendo, así que brevemente les diré que otro supernegocio que está surgiendo con más fuerza en esta PANDEMIA es en el área de la lectura electrónica, audiolibros, *podcasts*, desarrollo de juegos para ordenador y todo tipo de entretenimiento relacionado con el ocio, el aprendizaje o por simple recreación.

En el caso de los libros electrónicos, puedo decirte que están tomando muchísima fuerza por las siguientes razones que quizá sean obvias: la gente está más tiempo en casa y estar más tiempo en casa significa hacer más de lo que no se hacía antes, que es leer, incluso escribir, editar y publicar algún artículo o libro si es que es tu interés y tu habilidad.

Por otro lado, otra de las cosas que ocurrieron en sentido positivo con esta PANDEMIA y desde tiempo atrás, es que ya no es estrictamente necesario comprar un libro físico, de papel, ya se pueden comprar en línea a través de Amazon, Alibaba, Mercado Libre y un sinnúmero de plataformas; y son versiones para leer en tu dispositivo móvil, tal es el caso de *Kindle*.

Entonces, qué nos dice eso, que es una magnífica oportunidad para escribir un libro, subirlo a la red, y después ver qué pasa; con eso puedes estar ingresando un complemento para tus ingresos. Pero si lo que quieres es crear un libro que sea de esos irrepetibles, que quizá sean sencillos y que ayuden a mucha gente, que les muestre algo diferente o simplemente toque algunas vidas, entonces tienes que tomártela en serio, escribir probablemente no requiera de gran talento, dependiendo del tipo de libro.

Si eres muy bueno para los negocios y se te facilita esa área, puedes enfocarte en eso, tal vez seas el próximo cuenta cuentos, aunque se necesita cierta habilidad, ni se diga para los poemas o las novelas y ya más complejo, libros especializados en áreas técnicas. Así que mi querido lector como ves, esto de los libros no es pan comido, pero debo mencionarte que es otra cosa que puedes hacer, publicar vender y obtener ingresos adicionales por qué no, como se hacen ULTRA NEGOCIOS mediante un libro, no hay de otra, debes escribir un libro y convertirlo en un *best seller.*

Los juegos y entretenimiento para dispositivos móviles y supercomputadoras son otro de los rubros, quizá uno de los más lucrativos, pero eso se lo dejamos a los expertos en programación. Si eres uno de ellos o tienes una empresa que se dedique a eso, no hace falta desmenuzar este tema, ya que requiere de conocimientos muy técnicos, y caramba, tienes la onza en tus manos y seguro ya sabes qué hacer.

CURSOS, DIPLOMADOS Y CARRERAS

Si tú eres un profesional y quieres expandir el universo de tus conocimientos para transmitírselos a otros, este es tu vehículo, puedes dar cursos en línea, diplomados y hasta impartir carreras a través de los medios informáticos disponibles. Este tema es superamplio, tan extenso que abarca áreas desde cursos de cocina si eres chef, de idiomas si tienes la preparación para ello, de meditación, yoga, el área deportiva, si sabes cantar o tocar algún instrumento, puedes dar cursos acerca de ello.

Así como también, de edición, grabación y masterización de material musical, puedes dar cursos sobre temas relacionados con la salud si eres una persona calificada `para ello, probablemente ya lo hacías de una manera presencial y ahora tienes las plataformas que te mencioné anteriormente para elaborar y transmitir toda esta información y conocimientos al público en general, o a un grupo de personas que sabes que pueden pagar por ello. Además, hay cursos de energías renovables, de construcción sustentable, puedes elaborar fichas técnicas e invitaciones mediante la plataforma de *zoom* para conectar con ese nicho que tienes en mente.

En resumen, nada es imposible cuando se tiene la preparación correcta, las herramientas correctas y las condiciones correctas, y ese es el caso, justo ahora que vivimos en esta inevitable contingencia, la de prepararse cada vez más para tener más y mejores oportunidades dentro del ámbito laboral.

Tú puedes hacer esto y enseñar a otros a hacerlo, mediante una remuneración que puede ser modesta o a través de ULTRA INGRESOS, dependiendo de la complejidad y el alcance que tengas. Finalmente, para poder dar este tipo de capacitaciones o cursos, no necesariamente debes ser un erudito en la materia, puedes simplemente tener una habilidad en lo particular o saber algo que mucha gente no sabe y compartirlo.

Para eso te hará falta la elaboración del material para difundir y al igual que en muchos de los casos anteriores requerirás de las herramientas necesarias para tal fin.

TECNOLOGÍA E INFORMÁTICA DIGITAL, **APPS**

Este tema es como el anterior, también es uno de los que más éxito tiene, pero requiere de un nivel técnico de medio a elevado, en el área de la tecnología informática, como la programación en los diferentes lenguajes que hoy día se requieren para crear desde un programa sencillo como lo es un pequeño programa informático para cualquier fin, pasando por la elaboración de una página Web hasta la creación de una app. Digamos que estamos hablando de palabras mayores, más bien estarías en el cuadrante de los profesionales que van a resolver los problemas y necesidades de los que no tienen estos conocimientos ni las herramientas para lograrlo.

Sin embargo, se debía mencionar y si tienes el conocimiento necesario para hacer esto y dispones de los medios para tal fin, nuevamente te felicito porque también ya sabrás qué hacer. Para los que quieren incursionar en el aprendizaje de los lenguajes informáticos actuales aun sin tener ningún conocimiento ni contacto con estos temas, hay plantillas y tutoriales disponibles en la Web, servicios profesionales para contratarlos y hacer que tu idea o proyecto dé sus frutos.

Estos son terrenos complejos y tardados y en este libro estamos tratando el tema de cómo HACER ULTRA NEGOCIOS EN PANDEMIA, y yo en tu lugar si ya tengo una idea de lo que quiero hacer, pero no sé cómo hacerlo y requiero de alguno de estos servicios, lo mejor sería contratar los servicios de profesionales de las diferentes áreas en cuestión.

Abreviando de un modo sustancial, el tiempo que requiere el aprendizaje de estos lenguajes y la adquisición de las herramientas tecnológicas para lograrlo, es lo que vale la pena decir acerca de esto, definitivamente aquellos que tienen a su disposición estos vehículos para crear estos programas y plataformas, así como las apps para complementarlos, sin duda ya están HACIENDO ULTRA NEGOCIOS EN PANDEMIA.

REDES DE MERCADEO, MULTINIVEL O **NETWORK MARKETING.**

(INICIOS Y ACTUALIDAD)

Como lo comentamos, de manera muy superficial en el prólogo de este libro, hace décadas surgió una manera de hacer negocios para beneficiar a un sector de la población y su fundamento fue la mejor distribución de las ganancias de una empresa, y aunque muchas personas relacionan al MLM (o *multilevel marketing*) con algo difícil de hacer, en realidad actualmente está cobrando más vida que nunca.

Sus orígenes se remontan a los años cuarenta, cuando una empresa de suplementos nutricionales llamada *California Vitamins*, tuvo a bien modificar la tradicional manera de vender de puerta en puerta, en una que ofrecía al cliente que estaba motivado, la posibilidad de convertirse en distribuidor directo de los productos de la empresa, de esta forma el cliente obtenía un ingreso extra por una o dos horas de trabajo adicional en sus ratos libres.

Al ver el éxito de su modelo de negocio, quiso agregar la idea genial del multinivel, en la que ofrecía a sus distribuidores a su vez, reclutar a nuevos miembros de la comunidad y ganar una comisión por las ventas de estos nuevos afiliados. A su vez estos nuevos afiliados podían reclutar otros nuevos y también dejaban una ganancia.

Básicamente, palabras más o palabras menos, eso es el negocio multinivel, ojo, muchas personas o empresas han hecho que a esta actividad se les confunda con negocios fraudulentos como las pirámides o los esquemas *Ponzi,* y nada más fuera de la realidad.

Una pirámide o esquema *Ponzi,* y plataformas que te ofrecen rendimientos brutales a cambio de no hacer nada excepto poner mucho dinero y reclutar personas, son fraude, y debido a ese impacto negativo, se le confunde, pero digamos que estos esquemas, lo que hacen es imitar el funcionamiento de una red de mercadeo multinivel casi en todo excepto por algunos puntos fundamentales.

NETWORK MARKETING O MLM:	ESQUEMA PONZI O PIRÁMIDE:
Siempre hay un producto, bien o servicio.	Casi nunca hay producto, normalmente es dinero.
La empresa basa sus ingresos en las ventas.	La empresa basa sus ingresos en reclutar personas que a su vez metan más dinero.
Para ingresar el costo es mínimo.	Para ingresar la inversión es fuerte.
Las empresas llevan décadas.	Casi siempre son de nueva creación.

Hay muchos más conceptos que nos ayudarían a identificar lo que es un multinivel de un esquema *Ponzi* o pirámide, sin embargo, creo que estos puntos son suficientes para distinguir una de la otra.

Pocas actividades han perdurado y además trascendido en la actualidad como lo es el *network marketing*, redes de mercadeo, *marketing* social o multinivel, y es por eso que a este tema le vamos a dedicar un capítulo un poco más extenso, comencemos por definirlo, en cualquiera de sus denominaciones actuales. En español o inglés el negocio multinivel se define básicamente así:

Una empresa de *network marketing* o multinivel, es una economía social que está formada por una red de distribuidores o vendedores independientes o (representantes), estos mismos generan ganancias o ingresos por la venta directa de los productos bienes o servicios que les proporciona la empresa a la cual están afiliados y que también obtienen ingresos por la red de los distribuidores o vendedores independientes que tienen afiliados dentro de su red.

Los bienes, productos o servicios que se venden o distribuyen mediante este modelo de negocio son muy extensos, los más difundidos o conocidos son los que tienen que ver con el área de la cosmetología, la salud, la belleza, cuidado personal, artículos para el hogar y la nutrición. Existen muchos más rubros, pero estos son los principales o más conocidos.

Un multinivel funciona de la siguiente manera:

LA VENTA DIRECTA

Como su nombre lo dice, esta actividad consiste en vender los productos directamente a los clientes que lo requieren, mediante una entrevista personal, a través de publicaciones. Hoy en día, la más fuerte de todas es haciendo reuniones mediante las diferentes plataformas para que el alcance de las ventas sea mucho mayor, de modo que la lista de clientes se vaya robusteciendo y el distribuidor genere ingresos más fuertes.

MEDIANTE UNA RED DE DISTRIBUIDORES AFILIADOS AL DISTRIBUIDOR

Básicamente consiste en auspiciar, o invitar a otras personas a formar parte de su negocio multinivel, y así formen parte de su red de distribuidores, mismos que estarán afiliados al primero mediante un número proporcionado por la empresa, de esa manera siempre se sabe quién inscribió a quien.

Actualmente, un distribuidor independiente de una empresa grande del rubro del multinivel, puede checar a sus *downlines* o afiliados mediante las plataformas creadas por estas empresas para sus distribuidores, incluso pueden darles seguimiento a los afiliados de los afiliados hasta cierto nivel de profundidad, observar el comportamiento de los consumos de los mismos y lo que generan en ganancias para su red.

Lo que caracteriza a una red multinivel desde el punto de vista laboral, es que el distribuidor independiente es eso, un distribuidor de la empresa con un descuento especial en los productos que se distribuyen. Obtiene ingresos al venderlos a quienes no son sus afiliados (clientes), no son empleados del corporativo, ni están sujetos a la rendición de cuentas ni cumplen un horario determinado, pero sí crean un sentido de pertenencia a un grupo de personas y están dentro de un plan de capacitación y motivación personal que en las empresas muy reconocidas del ramo suele denominarse escuela de negocios.

De esta manera, el distribuidor obtiene una formación dentro de los lineamientos de ética, presentación, conocimiento de los productos y de las estrategias para llegar más rápido a los rangos que les proporcionen mayores beneficios en el menor tiempo posible.

Para poder hacer ULTRA NEGOCIOS en el negocio multinivel, debes comenzar tu búsqueda ¡YA!, empezando por la empresa que vas a elegir, y para esto te recomiendo que uses los siguientes criterios. Busca una empresa que deba:

- Haber pasado la prueba del tiempo.

- Ser muy reconocida.

- Ser de las primeras o la primera en ventas a nivel mundial o en tu país.

- Tener una reputación de primera.

- Contar con productos de primer nivel, certificados y de uso diario.

- Que su sistema de capacitación sea muy bueno.

Con esto podemos hacer la elección de nuestra empresa para ser un *networker*. Ahora te daré unas cuantas pistas para poder hacer ULTRA NEGOCIOS PANDEMIA en este rubro.

Al igual que en los rubros anteriores, debes seguir básicamente los mismos pasos, conocer tus productos mediante las capacitaciones que tomes en la empresa de tu elección, probar y consumir los mismos es esencial también, así como saber comparar los productos tuyos con la competencia en su cantidad, gramaje, calidad y precio, rendimiento, relación con el medioambiente, y hasta temas de elaboración y fabricación entran en juego cuando de poner en alto tus productos se trate.

Después debes publicar, hacer tu lista de conocidos y familiares, hacer una pequeña inversión en los primeros productos para consumir y para vender, sí, vender, yo sé que al 99.9% de la población, no le gusta vender, y recuerda, todos vendemos y nos estamos adaptando a una nueva realidad, y esta requiere de hacer cosas que a veces no nos gustan.

Estábamos en tu lista de conocidos, muy bien, con esto tienes para comenzar, no aún no, falta publicar en tus grupos de redes sociales de tu comunidad, en las personales, tus *fan pages*, y hacer citas mediante videoconferencia, así como aprender a hacer contactos en frío. No te preocupes si alguno de estos términos no los entiendes del todo, cuando te capaciten lo sabrás, pero hay una razón por la que dejé al multinivel en el penúltimo lugar de los capítulos a tratar en este libro, y es que realmente creo que este sistema de hacer negocios puede llegar a ser el más lucrativo de todos.

Junto con las nuevas tecnologías, el multinivel ha pasado todas las pruebas. Hace años tenía una limitante importante: para tener ganancias fuertes o significativas, pasaba mucho tiempo. Ahora gracias a la tecnología, se han roto *récords* en la obtención de niveles dentro de las empresas del rubro, es decir, lo que antes se hacía en diez años puedes hacerlo en uno o dos años, eso sí con una dedicación a prueba de todo y con la total convicción de que lo vas a lograr.

Por alguna razón, son muchos los millonarios y escritores que han mencionado al MLM como el negocio del siglo XXI, y están convencidos de que si perdieran todo y tuvieran que empezar de nuevo, sin duda escogerían esta opción.

La idea del multinivel es una genialidad en sí misma, y parte de un principio básico y sencillo, eliminar la cadena de distribución e intermediarios que intervienen para que obtengas un producto, y en su lugar, lo fabrican directamente y te lo dan de primera mano, al mismo precio, sin embargo, las ganancias que antes se repartían entre la cadena intermedia ahora se repartirán entre los afiliados o distribuidores independientes.

Este negocio, te permite obtener ganancias por tus ventas, por las comisiones que obtienes por las ventas de tus afiliados, pero hay un tercer ingreso que hace la diferencia de manera brutal, y son los ingresos residuales.

¿Te acuerdas que al principio del libro te dije que te lo explicaría? Los ingresos residuales son aquellos que se obtienen por haber hecho el trabajo una sola vez, y seguir cobrando por ello, puede tener una similitud con las regalías que cobran los artistas o autores intelectuales cada vez que venden un libro, lo citan o interpretan sus canciones.

En el sentido de los negocios se refiere a que cuando tú estás organizando tus redes, estas se van consolidando, dependiendo de la fortaleza de tu organización, será la probabilidad de que tu red prevalezca y que además obtengas más rápido los rangos siguientes con sus respectivos bonos, premios, etc.

Estas empresas te ofrecen un seguro en el que, si tú falleces, tus ganancias serán heredadas a tu familia, ¿no es fantástico?, desde luego para eso se necesita haber alcanzado el éxito en este rubro y te voy a dar una fórmula que un superlíder me dio:

Muy atento, esta fórmula seguramente puede llevarte a la obtención de la libertad financiera a través del multinivel o *network marketing* siempre y cuando la lleves a cabo.

FÓRMULA PARA HACER ULTRA NEGOCIOS **EN MULTINIVEL AUN** EN PANDEMIA **Y A CORTO PLAZO**

La fórmula es:

8 x 8 x la cantidad que tu empresa tiene establecida la calificación para poder cobrar de las ventas de tus afiliados.

Consiste en inscribir ocho afiliados nuevos por mes y asegurarte que tus ocho afiliados afilien a ocho personas ese mismo mes.

Estas afiliaciones deben ir acompañadas de la compra de al menos un producto, por qué razón, para que alcances los puntos necesarios que requieres cada mes.

Cada empresa tiene un sistema de calificación y una cantidad diferente de puntos necesarios que equivalen a cierta cantidad de dinero en consumos a la empresa, pero seamos más prácticos, supongamos que tu empresa pide ciento cincuenta puntos de calificación mensuales, y cada punto equivale a dos dólares de consumo, entonces deberás mover mercancía por un volumen de trescientos dólares mensuales.

Esos trescientos dólares mensuales los debes mover tú solo, y cada uno de los que ingresaste, así que deberás ser muy explícito porque les estarás dando la misma fórmula, y esta fórmula es muy poderosa, y ellos a su vez deberán mover la misma cantidad de dinero mensual.

Analicemos un poco, trescientos dólares son un buen dinero, nada para andar desperdiciando o tirando en estos días, pero si tomamos en cuenta que no estarás gastando, sino moviendo la mercancía resulta que es muy poco, es decir, estos dólares los puedes mover, y debes mover con los mismos ocho integrantes que afiliaste, así que eso nos deja en 37.5 dólares por cada uno, esto es todo lo que debes desplazar y hacer que tus afiliados desplacen.

De verdad, ¿será tan difícil? Responde la pregunta a continuación: SÍ, NO y explica por qué:________________________

____

Sin importar si tu respuesta fue un sí o un no, y las explicaciones que diste para una u otra, yo te puedo decir que definitivamente no es fácil, a pesar de que, si eres un vendedor de autos, de televisión por cable, del ramo de los electrodomésticos, un vendedor de medicinas, incluso vendedor de alguna tienda departamental, sabrás que las metas de ventas que se les ponen son altísimas, y qué crees, las cumplen, las logran, y eso se debe a una razón primordial.

A todos ellos les exigen una bitácora de prospectos, que además es propiedad de la compañía, también la rendición de cuentas tanto de sus citas, técnicas de ventas y de las formas de pago. Constantemente son auditados tanto en su puntualidad, vestimenta y conducta profesional.

Sin embargo, las ganancias son todas para la empresa, a quienes les intercambian su tiempo a cambio de dinero, cuánto dinero, muy poco, pero ese poco dinero es disfrazado mediante algunos ardides de obtención de logros de ventas, bonos incentivos personales y grupales y un supuesto salario fijo, que normalmente oscila entre una a dos veces el salario mínimo.

A pesar de ello, lo hacen y lo logran, se sienten extrañamente respaldados por la empresa o por una marca que en cuanto no cumplan los objetivos les dará las gracias. Pero al momento de aplicar esta simple fórmula, que solo te pide mover una fracción de volumen de ventas/consumo, no somos capaces de hacerlo ni de tener el liderazgo para pedirle a tus afiliados que lo hagan, por el bien común. A continuación quiero darte un dato sorprendente:

Un vendedor de autos nuevos gana aproximadamente el 1% del valor del vehículo antes de impuestos, al menos así es en mi país, esto quiere decir, que si el auto vale veinte mil dólares el vendedor estará ganado mil dólares de comisión. Esto es muy lindo cuando estamos de planta en una agencia y nos sentamos en nuestro escritorio y los clientes abundan, después vendemos cinco autos y nos ganamos cinco mil dólares, con eso tenemos un ingreso muy bueno.

Antes así era, pero que crees, no hace falta que te mencione ningún rubro más porque las ganancias para los vendedores ya no son más así, incluso para los dueños de los negocios las ganancias ya no son así tampoco, ni tan frecuentes.

Hay una verdadera oleada de NO CONSUMO, por la necesidad de la gente de guardar el dinero que tienen, para lo esencial, incluso el rubro más lucrativo, *real state* (bienes raíces), en donde las comisiones de una venta pueden ser muy fuertes, han disminuido dramáticamente, sin mencionar que ahora los mismos propietarios venden de manera directa para ahorrarse esta comisión.

Qué más ejemplos te doy para hacerte ver, que el multinivel asociado a la tecnología informática son quizá, verdaderamente el negocio del siglo XXI, pero eso no fue el dato sorprendente, es este, mira lo que ocurre si haces los pasos de la fórmula y esta fórmula se replica y funciona correctamente al menos tres meses:

8 afiliados por mes x 8 afiliados de tus afiliados = 64 x 300 USD cada uno= $ 19,200 dólares

Quizá en este primer mes no logres un buen ingreso por el desplazamiento de veinte mil dólares de mercancía, y si los comparamos con los mil dólares que se ganó el vendedor de autos, probablemente te diga, tanto esfuerzo, tanta gente para tan poco, y eso mis queridos amigos es lo que hace desertar de las filas del multinivel a la mayoría.

Y es que somos desesperados y queremos resultados inmediatos, te digo una cosa: si quieres resultados inmediatos en el multinivel desde luego que se puede, vende los productos, que normalmente te dejan entre un 25% a un 50% de ganancias según la compañía, y verás que sí es posible, pero aquí estamos haciendo que funcione otra cosa, algo mágico, algo que tiene que ver con las matemáticas, con un crecimiento exponencial.

Sigamos con el mes número dos:

64 afiliados x 8 nuevos afiliados = 512 afiliados x 300 USD cada uno = $ 153,200 dólares

Qué opinas, aquí sí que cambia la cosa ¿no es cierto?

153,200 dólares de volumen de mercancía movida dentro de tu estructura de red, en primer lugar tú solo vendiste directamente lo mismo que el primer mes que son trescientos dólares, y tus demás afiliados también, nadie tuvo que hacer un esfuerzo sobre humano, vender un auto, pedir prestado, divorciarse ni nada para poder lograr esto, solo tuvieron fe y llevaron a cabo la tarea, pagaron el precio del tiempo que les lleva ingresar a ocho personas que tengan la fe de invertir trescientos dólares cada uno en los productos de la empresa y listo, se generó en el segundo mes un volumen 152,200 dólares que seguramente ya te deben haber generado un buen ingreso.

Desde el segundo mes, estoy seguro mi estimado lector que, si en ese punto visitas al vendedor de autos y le muestres tu cheque, sea de la compañía que sea, su opinión cambiaría por completo, y todo se debe al maravilloso poder de la duplicación. Obviamente tú ya no conoces a muchos de los quinientos doce integrantes de tu red, fueron ingresados por tus frontales y los frontales de ellos.

Así que, si tú fuiste muy claro y certero con tu capacitación inicial, donde dejaste claro que para que todos puedan aspirar a lo mismo, es necesario que cada quien tenga que afiliar a ocho y que esos ocho inviertan trescientos dólares en productos de la empresa.

Vámonos al mes número tres y chequemos esas cifras:

512 afiliados x 8 nuevos afiliados =4,096 afiliados x 300 USD c/u $ 1,228,800 USD

Sí que cambia dramáticamente, y expone en todo su esplendor el poder del crecimiento geométrico o exponencial, el poder de la duplicación y lo tremendo que es el negocio del multinivel.

Creo que ya te diste cuenta de lo que puedes lograr mediante el *network marketing*, seguir haciendo ejemplos matemáticos nos llevaría a cifras insólitas, en donde la población mundial se nos terminaría.

Este es el motivo por el que, a veces, el multinivel es asociado a pirámides o estafas, hasta este punto tú ya ganaste mucho dinero desde el tercer mes de hacer esta actividad. Además de ser un líder que dirigió bien a su gente y les supo regalar el sueño de que ellos también lo pueden lograr, tus primeras sesenta y cuatro primeras líneas frontales también están ganando como tú ganaste y los quinientos doce están en el punto que tú comenzaste.

Si bien es cierto, que de cumplirse esta fórmula en su totalidad en dos años no habría más clientes y todos serían distribuidores, eso convertiría este negocio en una paradoja, y a su vez, en algo matemáticamente insostenible. Por esas razones, es bueno que muchas veces las cosas no sean tan precisas, aquí está una fórmula, aunque el factor de éxito va descendiendo de igual forma conforme avanza la red.

Tal vez logres ingresar esos ocho primeros, pero que ocurra lo mismo todos los demás meses, aunque matemáticamente sea posible, estadísticamente no lo es. El promedio de éxito es del 20% y baja al 10%, conforme la red se hace más extensa. Sin embargo, es una buena noticia, demuestra que, por un lado, los afiliados no pueden sostener el mismo ritmo de ventas /consumo todos los meses, y esas variantes son precisamente lo que hacen posible a este negocio.

Probablemente, no llegues a ganar esas cantidades tan fuertes dentro de los primeros tres a seis meses, pero sí puedes estar obteniendo una libertad financiera a partir del año de estar aplicando la fórmula una y otra vez, disciplina y repetición es lo que necesitas para poder HACER UN ULTRA NEGOCIO CON EL MULTINIVEL AUN EN PANDEMIA.

"El poder no está en el producto sino en la red, la mejor estrategia para hacerse rico es encontrar la forma de construir una red fuerte, viable y creciente".

- Robert T. Kiyosaki. "El negocio del siglo 21"

CRIPTOECONOMÍA, MONEDAS VIRTUALES **O TECNOLOGÍA** *BLOCKCHAIN, TRADING.*

Qué tema tan ineludible e interesante, sin duda que no podemos dejar a un lado el papel que tienen las criptodivisas, criptomonedas, monedas digitales y diferentes términos acuñados con el tiempo por una verdadera nueva cultura generada alrededor de esto que es incluso más grande que un simple negocio *per se.*

Para poder explicar lo que es la criptoeconomía, si es que acaso el término es correcto, tenemos que remontarnos nuevamente un poco a sus orígenes, su incipiente evolución pero su vertiginosa carrera por ser la protagonista de todas las carreras relacionadas a la economía actual.

Hace ya casi trece años, con el origen del dinero digital mediante el proyecto Bitcoin en el 2008, esto fue posible gracias al desarrollo de un sistema de seguridad tecnológico literalmente inviolable e impenetrable denominado *blockchain,* después este mismo sistema se fue desarrollando hasta combinarse con la tecnología de redes ya existente (P2P) y métodos criptográficos avanzados.

De todo esto, lograron hacer la primera transacción en el mundo real, al comprar una **pizza,** con dinero digital, con bitcoins en el 2010, cuando después de obtener los primeros grupos de bloques de minado de la moneda digital, pudieron pagar un par de pizzas con la friolera de diez mil bitcoins. Para que nos demos una idea del potencial de las criptodivisas, esos mismos diez mil bitcoins tienen actualmente un valor en el mercado de quinientos millones de dólares más o menos al momento que se escribe este libro.

La creación del bitcoin se le adjudica a Satoshi Nakamoto, un personaje que nuca ha sido público, nadie lo conoce, pero se cree que en realidad se trata de un grupo de personas y no una sola, quienes crearon este proyecto.

La finalidad de las criptodivisas como el bitcoin y todas las nuevas monedas creadas a diario que se denominan altcoins, es la de generar una economía descentralizada de los bancos y del poder gubernamental y la independencia económica del individuo, mediante una forma de comercio alternativo a lo que conocemos actualmente, es decir, que al principio nadie o casi nadie tomaron en serio esta tecnología y mucho menos a la primera moneda digital.

Lo cierto es que su rentabilidad ha sido la más alta de todas, desde su creación hasta nuestros días, ya que cada vez más personas usan compran y venden mediante plataformas denominadas *exchanges*, donde se pueden comprar directamente las monedas digitales, así como hacer intercambio de las mismas, o lo que actualmente se denomina *trading*.

Es justo ahora, con la PANDEMIA, que curiosamente las criptodivisas han cobrado fuerza y han entrado a jugar un papel predominante en la economía. Si bien es cierto, que actualmente solo un 2% de la población mundial ejerce esta actividad, el poder de capitalización está en el orden del billón de dólares y creciendo, mientras escribo esto, y es por esta razón que los gobiernos de todo el mundo están comenzando a tomar medidas para su regulación.

Paradójicamente, aunque su regulación vaya en contra del espíritu con el cual fueron creadas estas criptodivisas, la cual era como mencionamos la de no depender de ningún gobierno y ser descentralizadas de cualquier organismo económico, es con esta misma, con su regulación y los mecanismos de introducción a la economía activa, que el valor de estas divisas electrónicas se han disparado de forma dramática.

Acaso no resulta increíble, que hace apenas una década alguien pago diez mil de estas monedas por dos pizzas y ahora, una sola unidad sea el salario de todo un año de una persona de clase media en los EE. UU., y el salario anual de muchos profesionistas de alto nivel en países en vías de desarrollo.

Esto no termina aquí, actualmente quienes más se están beneficiando de esta tecnología son quienes la entienden, y es por eso que es necesario decir que respalda a estas monedas, para que, al intentar entender su tecnología, nos revelen como podemos HACER ULTRA NEGOCIOS EN PANDEMIA, mediante las criptodivisas.

Ya hicimos un poco de historia y ahora toca entender, qué es la tecnología *blockchain* y con qué se come, cómo hizo que las criptodivisas triunfarán y cuál es la magia que interviene en el proceso.

Más o menos se resume de la siguiente manera, la tecnología de cadena de bloques o *blockchain,* es un conjunto de tecnologías, que permiten la transparencia de todas las operaciones hechas en *Internet* sin necesidad que las verifique una tercera entidad, ya que le da identidad al dispositivo o ruta mediante la cual se hace dicha transacción.

Uno de sus mayores alcances es que permite registrar una transacción, un contrato o cualquier otro tipo de operación de una manera que es posible verificar, es totalmente infalsificable ya que al llevarse a cabo, su registro deja una huella electrónica que está grabada en la actividad viva de la red.

El uso que se le da, de momento, es para crear y comerciar con criptomonedas, pero sus alcances son gigantes e incluso no se sabe aún cuál es el límite que esta tecnología pueda tener. El hecho de que esta tecnología sea tan segura en términos de verificación y que no sea susceptible de ser *hackeada,* le dio el impulso a las criptomonedas actuales, ya que los usuarios se sienten seguros al hacer sus operaciones e intercambios con sus pares en su mismo país o del otro lado del mundo, pero cuidado que no todo es miel sobre hojuelas, como todo en la vida tiene sus puntos finos cuando de hacer comercio electrónico se trate.

COMO INCURSIONAR EN LA CRIPTOECONOMÍA

Existe actualmente, un método disponible para casi toda la gente en el mundo para tener acceso a esta tecnología sin necesidad de tener grandes conocimientos tecnológicos y son las plataformas denominadas *exchanges*. Estas plataformas, lo que hacen básicamente es comercializar en un segundo plano mediante programas poderosos y robots de compra y venta, las diferentes criptodivisas disponibles en el mercado, algo parecido a la bolsa de valores, pero dentro del ordenador, tú no lo ves, la *exchange* lo hace por ti.

Lo que debes hacer es fondear o ingresar un saldo en tu moneda desde tu cuenta o en los métodos de pago que estas *exchanges* acepten, dependiendo de dónde se encuentran ubicados, tu moneda local o dinero convencional dentro del mundo **cripto** y se denomina *Fiat*.

Una vez que tienes saldo dentro de la *exchange*, puedes comprar su equivalente en las monedas disponibles, ver los gráficos, la evolución de hace un tiempo hasta la fecha, decidir por cuál cripto quieres comprar o quizá una fracción de Bitcoin, y ¡listo!, habrás entrado al mundo de las divisas electrónicas.

Lo que resta es esperar, estudiar y leer un poco acerca de qué proyecto respalda a una y otra moneda y no es mucho más lo que se pueda hacer, lo recomendable es comprar sin ninguna expectativa, la cantidad que estés dispuesto a arriesgar sin presión alguna y sostenerte ahí sin preocuparte demasiado si baja de valor y sin emocionarte demás si sube.

Si tú tienes ese dinero destinado a las criptomonedas, déjalo ahí por siempre, recuerda que en un golpe de suerte con los años puede ese poco dinero ser tu plan de retiro. Para esto habrás verificado que la *exchange* que escogiste sea reconocida, esté certificada y reconocida en tu país y de preferencia que sea fiscal.

Sí, leíste bien, fiscal, es decir, que todas las ganancias que deriven de la compra de estos activos digitales serán gravables y deberás hacer una declaración de los mismos, ya que cuando finalmente decidas retornar esas criptos a tu moneda *fiat*, tendrán que llegar a alguna cuenta bancaria relacionada a la *exchange*.

Por lo tanto, será sujeta de impuestos, pero no te preocupes, eso mismo que te da la impresión de saber que de tus ganancias el gobierno se quedará con una parte, te da la seguridad de que la plataforma que usas al menos tiene una alianza con tu gobierno, y no desaparecerá tu dinero un día de la nada, o si pasa, alguien será responsable y alguien tomará las medidas para recuperarlo.

Esta es la forma menos arriesgada de participar del mercado de las criptodivisas, pero si tienes un alma más aventurera y te gustan los números y los gráficos y quieres realmente volverte un profesional del tema, puedes, mediante estas mismas *exchanges* o en otras plataformas hacer *trading*.

Esto sí que requiere que alguien te explique, cómo funciona de manera detallada, ya que hay una jerga muy especial para denominar ciertas cosas, independientemente que de por sí el *trading* muchas veces lo estás haciendo con personas del otro lado del mundo, esto ya no es tan trascendente tomando en cuenta que es *internet*, podría ser tu vecino de junto y da lo mismo que sea alguien a diez mil kilómetros.

La *internet* tiene bueno y malo en sí misma, por tal motivo, debes empaparte de todos los términos posibles, después entenderlos para después comenzar a experimentarlos, una vez dentro, verás qué sorpresas ves en el camino. Por eso te sugiero, que cuando seas nuevo y hagas *trading*, lo hagas con mínimas cantidades de dinero, observa las comisiones para que definas su viabilidad y ser un *trader* profesional.

CÓMO HAGO ULTRA NEGOCIOS **MEDIANTE** LA CRIPTOECONOMÍA.

De muchas maneras posibles, puedes desde ser un *trader* profesional y amasar grandes cantidades de criptodivisas, pero también puedes ver cuáles son los proyectos que avalan a estas monedas digitales y su viabilidad en el mundo físico. Por ejemplo, algunas criptodivisas están respaldadas por mundos virtuales y un lugar limitado dentro de su universo digital llamado (ecosistema).

Su éxito depende del interés del comprador en ese proyecto, si hay muchos interesados, la moneda sube, si son muchísimos los interesados y la compran la moneda se dispara. Por lo tanto, te recomiendo que analices los diferentes proyectos que avalan o respaldan a las principales y te ayuden en la toma de decisiones.

De cualquier forma, este mundo digital es tan fluctuante que un comentario de un multimillonario, o un *twit* de un superpersonaje pueden hacer que la moneda suba o baje dramáticamente, pero es seguir a las masas. Hay algunas monedas que se consideran más serias que otras, y sus proyectos son tan vitales como el descenso del consumo de combustibles fósiles, la baja emisión de carbono, la protección a los animales, la transición de los plantíos de caña de azúcar, los contratos inteligentes de todo tipo, etc.

Si tú pones empeño en hacerte un conocedor de las divisas y sus proyectos, tendrás una oportunidad mayor de generar ULTRA NEGOCIOS EN PANDEMIA mediante la tecnología *blockchain* y las criptodivisas.

Por último, puedes por qué no, hacer tu propia criptomoneda, así es, déjame decirte que existen un sinnúmero de criptomonedas que tragaron polvo y están en el olvido, pero también hay otras tantas que cobraron fuerza y tuvieron la suerte de tener un valor real en el mercado.

Cuando eso ocurre, las *exchanges* las suben a cotizar en sus plataformas, estas monedas son asediadas porque normalmente salen con un precio muy bajo, y comienzan a comprarlas al por mayor, lo que hace que su precio suba de manera exponencial, a veces hasta un 60,000% en una semana, pero no te confíes, igual de estrepitosa es la caída.

Sin embargo, quien logró comprarla al precio mínimo vio ganancias, y tú, dueño de esa divisa, te estarás haciendo de un ULTRA CAPITAL EN PANDEMIA, mediante esta tecnología, es de suma importancia el advertirte que existen plataformas que te ofrecen grandes ganancias por hacer inversiones en ellas, con la promesa de invertir bien tu dinero comprando y vendiendo por ti las criptodivisas.

Es muy fácil tomar ese camino, incluso intuyendo que es un error, los seres humanos funcionamos así y la emoción de la inmediatez de las ganancias son mayores al arduo camino de la espera sensata. Además, puede ser, que algún familiar o amigo te lo ofrezca y por la confianza que le tienes, des ese paso. Ten cuidado, ese camino está lleno de espinas y te puedo apostar que casi en un 99% por ciento, si no eres de los pioneros de esa plataforma, tu dinero volará y jamás lo verás, además que puedes afectar a personas en el camino aun sin la intención.

Finalicemos el capítulo, definiendo que puedes lograr ULTRA NEGOCIOS EN PANDEMIA mediante las criptodivisas y la tecnología *blockchain*, y para eso solo necesitas un ordenador, o una tableta o un teléfono celular, pero también existe un último modo de obtener ganancias y es mediante el minado.

El minado de monedas fue en su momento la mejor manera de obtener ganancias con las criptodivisas; en sus inicios usualmente se utilizaba un ordenador común y corriente y con el tiempo y la complejidad para obtener esos minados, se comenzaron a utilizar tecnologías más poderosas, como lo son las tarjetas gráficas propias para supercomputadoras para juegos.

Actualmente en el mundo, hay una extensa red de minado, pero esto tiene también su costo y su huella ecológica; se considera que actualmente, la energía que consume solo el minado de bitcoin es la mitad de la energía para tener funcionando a la República Mexicana con ciento veintiséis millones de habitantes, además de que el *hardware* y los componentes cada vez son más caros y difíciles de conseguir, por lo que, si deseas incursionar en esto, debes tomarlo en cuenta.

CONCLUSIÓN

Existen múltiples formas de ganar dinero en esta PANDEMIA, es evidente que la crisis sanitaria y sus medidas trajeron muchas diferentes formas nuevas de obtener ingresos y diferentes formas de hacer las cosas, está en nosotros elegir cómo enfrentar estos nuevos retos, si vemos las cosas como una oportunidad para crecer y desarrollarnos; sin estar paralizados, pues los encierros y lock downs seguirán de forma intermitente, con los semáforos verdes, amarillos y rojos.

Espero que este pequeño viaje por algunas de las diferentes formas para hacer ULTRA NEGOCIOS EN PANDEMIA, haya sido eficaz y eficiente, ya que, si tan solo le sirve a una persona para conseguir su libertad financiera, me doy por bien servido y agradecido con Dios. Realmente espero haber llenado tus expectativas en cuanto a HACER ULTRA NEGOCIOS EN PANDEMIA.

¡AHORA YA ESTÁS LISTO PARA SALIR ADELANTE EN ESTA CRISIS! ENHORABUENA.

Made in the USA
Monee, IL
04 November 2026

67385545R00069